850

La casa de Bernarda Alba

Letras Hispánicas

Federico García Lorca

La casa
de Bernarda Alba

Edición de Allen Josephs y Juan Caballero

VIGESIMOSÉPTIMA EDICIÓN

CÁTEDRA

LETRAS HISPÁNICAS

Ilustración de cubierta: un cartel de Alberto Sánchez

© Herederos de García Lorca
Ediciones Cátedra (Grupo Anaya, S. A.), 2000
Juan Ignacio Luca de Tena, 15. 28027 Madrid
Depósito legal: M. 39.046-2000
I.S.B.N.: 84-376-0068-5
Printed in Spain
Impreso en Lavel, S. A.

Índice

Cartel de la representación en el Teatro Municipal de Buenos Aires

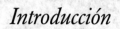

Introducción

Margarita Xirgu y su compañía en un entreacto de la obra

Lorca y Margarita Xirgu

I. LAS TRES CONSTANTES DEL TEATRO LORQUIANO

> Caminos nuevos hay para salvar al teatro. Todo está en atreverse a caminar por ellos (II, 965)[1].

La casa de Bernarda Alba, la obra maestra de un dramaturgo ya clásico, significa simultáneamente una culminación y un comienzo en el teatro lorquiano. Esta afirmación aparentemente paradójica, se basa en el estudio de la evolución de la obra teatral del genio granadino que tan rápidamente llegaría a ser el dramaturgo español más conocido de todos los tiempos. Cierto es que las circunstancias de su asesinato aceleraron ese proceso de alcanzar la fama mundial, pero es igualmente cierto que por sensacionales o trágicas que fuesen aquellas circunstancias, ya no obran sobre su reputación de dramaturgo. La *Yerma* de Nuria Espert y Víctor García no ha sido verdadero éxito mundial porque Lorca haya seguido siendo «una noticia». Como ha afirmado el crítico José Monleón, esa etapa «parece definitivamente superada. Y García Lorca sobrevive, convertido en un clásico. Sus obras continúan en los grandes repertorios teatrales de todo el mundo»[2].

Para enjuiciar la que por circunstancias de su asesinato fue su última obra, conviene tratar de clasificar su teatro. Sin esta

---

[1] Federico García Lorca, *Obras completas,* vol. II, Madrid, Aguilar, decimoctava edición, 1973, pág. 965. En lo sucesivo indicamos el número del volumen y la página correspondiente dentro de nuestro texto. Imprescindible emplear esta última edición aumentada por Arturo del Hoyo.

[2] José Monleón, *García Lorca: Vida y obra de un poeta,* Barcelona, Aymá, 1974, pág. 106.

clasificación *La casa de Bernarda Alba* podría ocupar un lugar «falso». Trataremos, pues, de situar este drama desde la producción teatral suya y no —como han hecho ya muchos críticos no sin razón— en relación con las etapas de su vida desgraciadamente malograda.

La clasificación de su dramaturgia, corta y truncada pero de gran relieve e impacto, presenta, al igual que su obra poética, problemas cronológicos debidos en parte a su temprana muerte. Tal como sucedieron los acontecimientos más importantes de su vida, su obra poética y teatral se divide fácilmente en tres periodos: el período temprano que llega hasta 1929, la temporada que pasó en Nueva York y Cuba, y un período de plena madurez hasta 1936. Pero esto daría esencialmente una clasificación biográfica respondiendo a lo accidental de su vida y no a lo que hubiera sido su verdadera trayectoria literaria. En este contexto, muchos críticos han querido ver en *Bodas de sangre, Yerma* y *La casa de Bernarda Alba,* una trilogía, y no una mera coincidencia, punto sobre el que volveremos a hablar más tarde. Por otra parte, de haber vivido, cabe preguntar, dado el desarrollo posterior del teatro mundial, si no hubiera vuelto a aquellas comedias, *Así que pasen cinco años, El público,* y otras sin escribir, que él llamaba «irrepresentables», pero sobre las que también afirmaba que representaban «su verdadero propósito» (II, 1016).

Si siguiéramos un plan más o menos cronológico, fijándonos más bien en la fecha de composición y no en la del estreno, el teatro de títeres, *Mariana Pineda,* y las farsas *La zapatera prodigiosa* y *Don Perlimplín,* corresponderían a la primera etapa. *El público* y *Así que pasen cinco años* con su antecedente en los diálogos del «teatro breve» serían obras que pertenecen al período de Nueva York, y *Bodas de sangre, Yerma, Doña Rosita la soltera* y *La casa de Bernarda Alba* vendrían a ser las obras de madurez. Pero tal clasificación no sería exacta. ¿Cómo, por ejemplo, resolver dentro de ese esquema, el problema de *La zapatera prodigiosa,* obra temprana (con un borrador del primer acto en 1923), pero no terminada hasta su segundo y «verdadero estreno» (I, 1142) en Buenos Aires en 1933? ¿Dónde cabría? La dificultad de situarla se hace aún más obvia si tenemos en cuenta también que el autor afirma haberla escrito en 1926 mientras que algunos biógrafos dicen que la escribió en Nueva York en 1930 (véase, por ejemplo, la cronología, II, 1282). Parece entonces ser obra concebida tempranamente, elaborada en Nueva York, pero modificada y ampliada ya en la época de su madurez teatral: cabe en los tres periodos y no cabe del todo en ninguno de ellos.

Los ejemplos pueden multiplicarse; existen problemas del mismo tipo con respecto a *Retablillo de Don Cristóbal*, *Bodas de sangre* y *Doña Rosita la soltera*, al menos. Es evidente, pues, que la desarticulación cronológica consecuente de su manera peculiar de escribir, impide este tipo de clasificación: «Ya sabe usted mi norma: tarde, pero a tiempo» (II, 913); «en escribir tardo mucho. Me paso tres y cuatro años pensando una obra de teatro y luego la escribo en quince días. No soy yo el autor que puede salvar a una compañía, por muy grandes éxitos que tenga. Cinco años tardé en hacer *Bodas de sangre*» (II, 984).

Para llegar a una clasificación es necesario olvidar, cuanto sea posible, la vida del autor y tratar de señalar constantes en la obra misma que luego reflejen o no los acontecimientos biográficos. Queremos indicar, por tanto, tres constantes en el teatro de Lorca a las que nos atendremos a lo largo de este estudio, y que iremos intentando probar paulatinamente, para llegar a enjuiciar su última obra.

La primera es que el teatro de Lorca es siempre poético, aún cuando pueda no parecerlo, como en *La casa de Bernarda Alba*. Dentro del marco más amplio de teatro moderno, es precisamente el éxito de un teatro verdaderamente poético lo que hace destacarse a la dramaturgia lorquiana. En un ensayo magistral, el gran crítico de teatro mundial, Francis Fergusson, comparando el teatro de Lorca con el teatro poético de habla inglesa, afirma lo siguiente:

> Federico García Lorca también cultivó el drama poético de una manera muy parecida a lo que es nuestro concepto de ese género tal como Yeats y Eliot nos enseñaron a considerarlo, pero sus obras no son «cultistas» ni de artificiosidad emparentada con el pastiche: son teatro-poesía que vive na-

turalmente en el escenario moderno como en su adecuado ambiente[3].

Dentro del marco español, califica Roberto Sánchez a Lorca como «poeta del teatro como hacía muchísimos años que no se había conocido en España. El suyo no es teatro poético a la manera de los modernistas, no es poesía en el teatro»[4]. Es decir, es poesía *del* teatro, no una puesta en escena de versos, sino un concepto poético de lo que es el teatro. Esto lo discutiremos más a fondo al examinar *La casa de Bernarda Alba*. Por ahora sólo queremos afirmar que todo el teatro lorquiano —y aquí existen radicales diferencias de opinión entre la crítica— es poético. Así lo enjuiciaba Lorca mismo en una famosa declaración de 1936: «Tengo un concepto del teatro en cierta forma personal y resistente. El teatro es la poesía que se levanta del libro y se hace humana» (II, 1015). También conviene traer a colación lo que decía en 1935:

> El teatro que ha perdurado siempre es el de los poetas. Siempre ha estado el teatro en manos de los poetas. Y ha sido mejor el teatro en tanto era más grande el poeta. No es claro el poeta lírico, sino el poeta dramático. La poesía en España es un fenómeno de siempre en este aspecto. La gente está acostumbrada al teatro poético en verso. Si el autor es un versificador, no ya un poeta, el público le guarda cierto respeto. Tiene respeto al verso en teatro. El verso no quiere decir poesía en el teatro... La obra de éxito perdurable ha sido la de un poeta, y hay mil obras escritas en versos muy bien escritos que están amortajadas en sus fosas (II, 983).

Estas afirmaciones casi tajantes equivalen a un credo de teatro poético.

Otra constante es que el teatro de Lorca es también experimental. Uno de los fenómenos más curiosos de este teatro es

[3] Francis Fergusson, «*Don Perlimplín:* el teatro-poesía de Lorca», en Ildefonso-Manuel Gil, *Federico García Lorca: el escritor y la crítica*, Madrid, Taurus, 1973, pág. 175.

[4] Roberto G. Sánchez, *García Lorca: estudio sobre su teatro*, Madrid, Jura, 1950, pág. 9.

que es un teatro aislado, solo, único. No tiene precursores y no ha dejado ninguna escuela de seguidores. Influencias, desde luego, hay: el Valle-Inclán de los esperpentos, el ejemplo de Marquina, el Benavente de *La malquerida,* algunas coincidencias temáticas con Unamuno, algo de surrealismo, y muchas más[5]. Pero lo que sobresale en este teatro no es una influencia imperante, sino la asombrosa habilidad de Lorca para captar, mezclar y hacer suyos estilos, influencias, escuelas, movimientos, teatro clásico y cuanto fuera necesario integrar para producir el estilo que él necesitaba o buscaba.

El hermano del poeta, don Francisco García Lorca, señala desde su privilegiada posición de crítico y familiar que la evolución de la obra en conjunto tiene la espontaneidad, la consecuencia y la unidad de un árbol; apunta certeramente que todas las obras posteriores se anuncian ya en el primer libro de poemas; e igualmente mantiene que, debido al constante afán de fundir poesía y teatro que se manifiesta en la obra de Lorca, cualquier intento de ver el teatro desde otro punto de vista que el poético llevaría a conclusiones equivocadas. Sin embargo —y esto es lo principal— afirma que la rica diversidad, tanto teatral como poética, que hay en la obra, es una de sus características más evidentes[6]. Y así es efectivamente. Se puede hablar de unidad y diversidad al mismo tiempo porque la diversidad no es temática sino estilística.

La variedad de estilos que Lorca emplea no muestra otra cosa que un experimentar constante sobre los mismos temas. Si nos atenemos a la figura del árbol, veremos que la materia temática equivale al tronco. Cada obra que sale de ese tronco es una rama distinta del mismo tronco, con las mismas raíces y la misma savia. Las primeras ramas son ramas frondosas que, andando el tiempo, tienden a deshojarse. La última rama, *La casa de Bernarda Alba,* es el resultado lógico del

---

[5] Véase Virginia Higginbotham, «Lorca and the Twentieth Century Spanish Theatre: Three Precursors», *Modern Drama,* núm. 15, 1972, páginas 164-174.

[6] Francisco García Lorca, *Three Tragedies of Federico García Lorca,* Nueva York, New Directions Paperbooks, 1955, págs. 5-9. Citado después como Francisco García Lorca.

desarrollo teatral de Lorca, resultado de un proceso de ir podando las ramas líricas, para emplear los términos del hermano del poeta[7].

Para enfocar esta cualidad experimental desde otro ángulo, podemos decir que lo mismo que en la poesía, donde emplea estilos muy diversos —desde los bordones atávicos del *cante jondo* hasta aquel grito chillado desde la torre del Chrysler Building se extiende un abismo estilístico— en la obra teatral hay una búsqueda del estilo adecuado e indicado de cada obra. Ningún dramaturgo español ha habido con más conciencia de lo plástico, de lo que tiene el teatro de espectáculo, de la teatralidad misma.

Esa conciencia es el eje de la cualidad experimental que muestra el teatro lorquiano desde *El maleficio de la mariposa* hasta *La casa de Bernarda Alba*. Lorca era a la vez dramaturgo y poeta, no poeta que se convierte o trata de convertirse en dramaturgo[8]. Y en ese doble papel de poeta y dramaturgo está más cerca de Lope o Shakespeare que de Keats, Eliot, o cualquier otro escritor contemporáneo. Francisco Ruiz Ramón afirma lo mismo de manera incondicional: «No hay que olvidar esta *verdad primera* ni sus consecuencias: que el teatro lorquiano es un teatro poético como lo es, cada uno en su nivel, el teatro de Lope de Vega o de Shakespeare»[9]. Pero hay que recordar también que Lorca es, además de poeta y dramaturgo, pintor, músico y director cabal de escena. Una lectura de «entrevistas y declaraciones» (II, 885-1027) y de «autocrítica, alocuciones y homenajes» (I, 1137-1195), proporciona amplísima documentación de una conciencia teatral experimental y muestra hasta qué punto estuvo consciente de la necesidad de emplear todos los recursos posibles para la más eficaz escenificación. La puesta en escena de la obra teatral es condición *sine qua non* en su teatro[10]. Como

---

[7] *Ibíd.*, pág. 12.

[8] Dualidad que documenta su hermano desde la infancia de ellos. *Ibíd.*, pág. 9.

[9] Francisco Ruiz Ramón, *Historia del teatro español. Siglo XX* Madrid, Ediciones Cátedra, 1975, pag. 177. La cursiva es suya.

[10] Véase lo que dice de los «verdaderos estrenos» de *Bodas de sangre* (II, 1007) y *La zapatera prodigiosa* (I, 1142).

afirma Ruiz Ramón: «La diferencia con las piezas que seguirán (a *Mariana Pineda*, su primer estreno importante) no será una diferencia de significación, sino una diferencia de modo de presentación dramática...»[11]. La múltiple dotación artística de Lorca facilitará —casi decimos determinará— esa experimentación constante que surge a cada paso en su ruta evolutiva de verdadero «hombre de teatro». Conviene citar aquí algunos ejemplos que corroboran este aspecto de su obra, al que daremos más atención en páginas sucesivas:

> Caminos nuevos hay para salvar al teatro. Todo está en atreverse a caminar por ellos (II, 965).

> Hace falta mucho y muy cuidadoso ensayo para conseguir el ritmo que debe presidir la representación de una obra dramática. Para mí, esto es de lo más importante (II, 970).

> Mi deseo —y en esto he puesto todo mi esfuerzo— es que Margarita dé una *Dama boba* de Lope de Vega con ritmo escénico de Molière. Ahí está llevada mi visión personal de los personajes: en el juego de los movimientos de escena (II, 992-993).

> ... esta labor mía en La Barraca es una gran enseñanza. Yo he aprendido mucho. Ahora me siento verdadero director (II, 967).

> Así pues, para lograr autoridad en el teatro no hay sólo que montar obras buenas, sino montarlas con un imprescindible director de escena (I, 1173).

> Quisiera terminar la trilogía de *Bodas de sangre*, *Yerma* y *El drama de las hijas de Loth*. Me falta esta última. Después quiero hacer otro tipo de cosas, incluso comedia corriente de los tiempos actuales y llevar al teatro temas y problemas que la gente tiene miedo de abordar (II, 973).

> Ahora a terminar la trilogía que empezó con *Bodas de sangre*, sigue con *Yerma* y acabará con *La destrucción de Sodoma*...

---

[11] Ruiz Ramón, pág. 181.

Sí, ya sé que el título es grave y comprometedor, pero sigo mi ruta. ¿Audacia? Puede ser, pero para hacer el *pastiche* quedan otros muchos. Yo soy un poeta y no he de apartarme de la misión que he emprendido (II, 975).

El problema de la novedad del teatro está enlazado en gran parte en la plástica. La mitad del espectáculo depende del ritmo, del color, de la escenografía... creo que no hay, en realidad, ni teatro viejo ni teatro nuevo, sino teatro bueno y teatro malo... En lo concerniente a la forma, a forma nueva, es el director de escena quien puede conseguir esa novedad, si tiene habilidad interpretativa (II, 982).

... los credos, las escuelas estéticas no me preocupan. No tengo ningún interés en ser antiguo ni moderno, sino ser yo, natural. Sé muy bien cómo se hace el teatro semiintelectual, pero eso no tiene importancia (II, 978).

A Lorca no le interesan credos o estéticas *de otros,* pero este conjunto de sus afirmaciones muestra toda una estética teatral consciente. Luego veremos cómo funciona esta estética en relación con las obras. Ahora basta con reiterar que la obra teatral de Lorca es experimental. A pesar de los éxitos taquilleros de algunas obras, como *Bodas de sangre* y *Yerma,* jamás escribió teatro comercial o de taquilla. Como veremos más adelante, su preocupación experimental está tan arraigada en su condición de dramaturgo que la misma naturaleza del teatro vendrá a participar fuertemente, como un *leitmotiv,* en muchas piezas suyas.

La tercera *constante* del teatro lorquiano es la unidad de la materia temática de su obra. Esa materia es tan suficientemente reducida que puede afirmarse que generalmente hay un solo tema, en el sentido más amplio de la palabra, en todas sus obras. Que este tema tenga en las distintas piezas otras vertientes, diferentes versiones, variadas manifestaciones o subtemas, es natural, puesto que está tratado de maneras distintas, desde distintos puntos de vista o con otras técnicas según el estilo operante.

Ruiz Ramón cree ver no un tema en sí, sino «una situación dramática básica como núcleo de la dramaturgia lorquiana; situación profundizada sin cesar y enriquecida de obra en obra hasta alcanzar su más honda significación por más total, en *La casa de Bernarda Alba*[12]. Nos parece la aseveración más acertada hasta ahora sobre la unidad, cualidad evidente pero de difícil descripción crítica, en el teatro lorquiano. Teniendo en cuenta esta «situación profundizada sin cesar y enriquecida de obra en obra», entendemos mejor el desarrollo experimental y poético de Lorca, al mismo tiempo que la paradoja aparente de diversidad-unidad se resuelve.

Continúa Ruiz Ramón exponiendo su excelente teoría de la dramaturgia lorquiana así: «El universo dramático de Lorca, como totalidad y en cada una de sus piezas, está estructurado sobre una sola situación básica, resultante del enfrentamiento conflictivo de dos series de fuerzas que, por reducción a su esencia, podemos designar *principio de autoridad* y *principio de libertad*. Cada uno de estos principios básicos de la dramaturgia lorquiana, cualquiera que sea su encarnación dramática —orden, tradición, realidad, colectividad, de un lado, frente a instinto, deseo, imaginación, individualidad, de otro— son siempre los dos polos fundamentales de la estructura dramática»[13].

Ruiz Ramón habla de una «situación dramática básica» como el fenómeno que une todas las obras lorquianas. Para nosotros, esta situación básica de conflicto que existe entre el *«principio de autoridad»* y el *«principio de libertad»*, constituye precisamente el gran tema del teatro lorquiano.

Sin conocer el estudio de Ruiz Ramón, hubiéramos tratado de desarrollar como tema central la idea de un conflicto entre la ley natural y la ley social. Pero son tan semejantes las teorías «autoridad-libertad» y «ley natural-ley social» —las dos vienen a ser una descripción del mismo conflicto— que no nos parece pertinente tratar de diferenciarlas[14]. Aceptamos el juicio de Ruiz Ramón, pero creemos que ese conflicto tan prevaleciente viene a constituir todo un tema. Lo importante —considérese situación o tema— es ver el conjunto y entender el teatro lorquiano en términos de conflicto

---

[12] *Ibíd.*, pág. 171.
[13] *Ibíd.* La cursiva es suya.
[14] Monleón, págs. 63-64, habla de «orden establecido» y «vida».

que es lo esencial en el teatro. Para nosotros, la unicidad temática de este teatro radica en la unicidad conflictiva que
comparten obras tan diversas como *Doña Rosita la soltera* y *La
casa de Bernarda Alba* en las que muchas veces, como dice
Ruiz Ramón, «la única tragedia... estriba en esa visión de la
realidad como pura amputación del ser. Los otros son siempre *lo otro*, lo extraño, lo ajeno, y su aceptación es siempre
enajenación, alteración, negación de sí mismo»[15]. Ningún
personaje lo expresa más directamente que Amelia: «De todo
tiene la culpa esta crítica que no nos deja vivir» (II, 809). Nadie con más patetismo que Doña Rosita, cuando dice:

> Si la gente no hubiera hablado; si vosotras no lo hubierais
> sabido; si no lo hubiera sabido nadie más que yo, sus cartas
> y su mentira hubieran alimentado mi ilusión como el primer
> año de su ausencia. Pero lo sabían todos y yo me encontraba
> señalada por un dedo que hacía ridícula mi modestia de
> prometida y daba un aire grotesco a mi abanico de soltera
> (II, 776-777).

La idea de conflicto común será eficaz en cuanto a clasificación de subtemas como, por ejemplo, el tiempo, el amor,
la libertad, la represión. Todos ellos pueden entenderse en
función del tema común. Sin pormenorizar demasiado, veremos que —como es aparente en *Doña Rosita la soltera*— el
tiempo no viene a ser otra cosa que la exacerbación de ello.
Por otro lado, temas desdoblados como amor-fantasía *(La zapatera prodigiosa)* amor-libertad *(Mariana Pineda)* o amor-
muerte *(Don Perlimplín)*, por ejemplo, serán distintas visiones
de ese mismo conflicto.

Nuestro intento de señalar la unidad temática encaja bien
con otras opiniones que nos parecen acertadas. Francisco
García Lorca, por ejemplo, opina que la unidad de toda la
obra es el producto de una identificación completa entre
la obra y el poeta, identificación que documenta a lo largo
de su estudio[16].

---

[15] Ruiz Ramón, pág. 185.
[16] Francisco García Lorca, pág. 9, especialmente.

José Monleón ve la relación entre amor y libertad como una constante en toda la obra de Lorca y opina que «la infelicidad de los que aman es la manifestación más clara de la injusticia de nuestro mundo. Tras el amor llega la muerte, y el martirio de Mariana Pineda es sólo un anticipo del que espera a sus futuras heroínas de ficción»[17].

En su excelente estudio del tema del amor en la obra de Federico García Lorca, Rafael Martínez Nadal, rechazando explicaciones fáciles de tipo freudiano o jungiano como arbitrarias y erróneas, llega en seguida a manifestar que «es el amor en la obra de Lorca actitud vital, principal ángulo de enfoque del poeta, centro y eje de su personalidad humana y artística, evidente no sólo en los personajes que ha creado para moverse en escena o vivir en el poema, sino en la hermandad con que trata a todos los animales que pueblan el gran bestiario de su obra, amor que extiende al árbol, planta, yerba o mero elemento»[18]. Nadal cree que el amor es «su única ética»[19] a veces «brutalmente desafiador, pero jamás decadente», otras veces con «raíces telúricas 'duende' o demonio socrático», pero careciendo totalmente «de contactos con el salón literario más o menos 'maudit'»[20] y concluye opinando que «El amor para Lorca estará, por propia definición, en contacto inseparable con la muerte: verso y reverso de una misma realidad, sin posible huida»[21].

Para resumir: Francisco García Lorca señala un proceso de identificación completa entre el escritor y su obra; Monleón habla del afán de amor y libertad que conducen a la muerte, y Nadal concluye que amor y muerte son inseparables. El conjunto de vida y arte como expresión de amor y muerte: sencillo y, sin embargo, difícil de ver en claro. Ningún afán de reducir la obra: al revés, cada obra de Lorca debe verse como distinta manifestación artística elaborada en torno a lo

---

[17] Monleón, pág. 32.
[18] Rafael Martínez Nadal, *El público. Amor, teatro y caballos en la obra de Federico García Lorca*, Oxford, The Dolphin Book Co., Ltd., 1970, pág. 133.
[19] *Ibíd.*, pág. 135.
[20] *Ibíd.*, pág. 139.
[21] *Ibíd.*, pág. 191.

mismo. De ahí las tres *constantes* a las que hemos querido llegar en cuanto a su dramaturgia: teatro poético y teatro experimental sobre un tema único y esencial: lucha del individuo que busca su esencia y encuentra su truncación o muerte. ¿No es lo que decía el mismo Lorca cuando expresaba que el artista debe escuchar a una sola llamada «que fluye dentro de sí mismo mediante tres fuertes voces: la *voz* de la muerte, con todos sus presagios; la *voz* del amor y la *voz* del arte» (II, 917)?

II. Hacia una nueva clasificación del teatro lorquiano: la división de la obra teatral

Teniendo en cuenta esas tres constantes, lo poético, lo experimental y la unicidad temática, haremos una nueva clasificación del teatro de Lorca, que nos ayudará a situar *La casa de Bernarda Alba*. Decimos nueva clasificación porque no nos vamos a atener a lo que viene siendo más o menos una tácita clasificación cronológica.

En primer lugar, conviene procurar una división de la obra teatral. Para nosotros, Martínez Nadal ha probado ya cuán conscientemente Lorca pensaba en el teatro. Su descripción de *El público* con su estudio sobre el teatro en la obra de García Lorca[1] pone de manifiesto lo que Lorca creía y decía sobre teatro y documenta con citas lo que ya se venía estableciendo sobre aquella personalidad de dramaturgo: que era un apasionado del teatro, aficionado al teatro —al espectáculo— desde su niñez, y que cuanto más entró en el mundo teatral, más le fascinaba la *teoría* del teatro, o la *naturaleza* del teatro, hasta llegar a escribir una obra que tratase en gran parte de esa tema, *El público*. Pero lo que es más interesante aún es su análisis de «teatro dentro de teatro»[2], donde Nadal prueba hasta qué punto Lorca es dramaturgo conscientemente moderno —tanto como un Brecht o un Pirandello—

---

[1] Nadal, págs. 9-130 y 234-254.
[2] *Ibíd.*, págs. 248-254.

y hasta iconoclasta, lo cual arroja una nueva luz sobre el resto de su obra: «obra firmemente asentada en una viejísima tradición cultural que el poeta transforma, recrea o enriquece, y proyecta con seguridad hacia el futuro»[3]. No podíamos estar más de acuerdo: es el desdoblamiento temporal en la obra de Lorca lo que asegura universalidad y permanencia y lo que al mismo tiempo desmiente calificaciones tales como «dramaturgo folklórico». *Poema del cante jondo* es lo que prueba el valor de *Poeta en Nueva York* y *El público* es lo que comprueba la genialidad de *Bodas de sangre* o *Yerma*. Este desdoblamiento temporal —por un lado, una amplia tradición antigua y hasta milenaria y telúrica, y por otro, la técnica y la conciencia más modernas— constituye uno de los rasgos más geniales o singulares, a nuestro parecer, de la obra de Lorca. Dentro del teatro, este desdoblamiento se muestra claramente, sobre todo al examinar el fenómeno de teatro —o abierta conciencia teatral— dentro del teatro.

El maleficio de la mariposa, Tragicomedia de don Cristóbal y la señá Rosita, Mariana Pineda, La zapatera prodigiosa, Amor de Don Perlimplín con Belisa en su jardín, Así que pasen cinco años, El público, Retablillo de Don Cristóbal, para seguir el orden de las *Obras completas*, más o menos cronológico, es decir, todas las obras teatrales de Lorca menos la llamada trilogía y *Doña Rosita la soltera*, acusan este fenómeno de teatro consciente de teatro. Todas las obras tempranas y las más experimentales, las «comedias irrepresentables», lo muestran de mayor o menor grado. Veamos brevemente:

El maleficio de la mariposa, débil obra temprana y muy falta de acción, muestra, de todas formas, cierta conciencia de ser teatro: comienza con un prólogo en el que el prologuista habla directamente con el público y se refiere a «La comedia que vais a escuchar...» (II, 5). La *Tragicomedia de Don Cristóbal* empieza también con un prólogo, esta vez pronunciado por un extraño ser —Mosquito— que habla de sí mismo y de su compañía teatral, pero que también reaparece dentro de la obra para despertar a Cristobita en el momento decisivo, y

---

[3] *Ibíd.*, págs. 253-254.

para pronunciar el discurso final. En *Mariana Pineda* hay un prólogo en forma de vieja estampa que viene a ser un comentario poético sobre el hecho histórico. También hay romances recitados dentro de la obra. En estas obras primeras, curiosamente, hay más evidencia de conciencia de teatralidad que teatralidad misma: están muy faltas de acción.

La zapatera prodigiosa y *Don Perlimplín*, dos farsas extraordinarias, muestran hasta qué punto Lorca ha ganado en técnica. *La zapatera prodigiosa* tiene su eje en una obra que representa el zapatero disfrazado. Su «cartelón de ciego» tiene una intención parecida a la representación dentro de *Hamlet*, sólo que aquí la intención irónica probará inocencia y no culpabilidad. Además, el zapatero viene a ser su propio actor y no tiene que encargar la pieza a nadie. El que Lorca está completamente consciente de su propio sentido irónico se puede apreciar al comparar el prólogo que pronuncia el zapatero ante su recital, con el del autor que precede a la obra grande. Tienen la misma función de difuminar la idea de que esté «pasando de veras», y muestra hasta dónde la magia teatral puede corroborar la verdad. Probar todo esto requiere mucho más espacio. Lo que nos interesa aquí es subrayar la intención que *La zapatera prodigiosa* tiene, no sólo de divertir como farsa, sino también de comentar la naturaleza del teatro.

Don Perlimplín es más atrevida aún y tal vez pieza única en un sentido técnico. Si *La zapatera prodigiosa* depende de la creación de teatro dentro del teatro para su resolución, *Don Perlimplín*, de hondo significado mítico o simbólico, depende de la creación del *personaje dentro del personaje*. Perlimplín, esencialmente un hombre ilustrado, se convierte en héroe romántico: el hombre envuelto en la capa roja, el que pretende ser amante de Belisa, es el mismo Perlimplín. El personaje desdoblado es el amante traidor y el esposo engañado: Don Juan y su propia víctima. Al matarse, Don Perlimplín es a la vez asesino y asesinado. Además, su inmolación obviamente cobra acentos profundos de sacrificio. Al matarse recobra su honor, se venga y triunfa con su imaginación al mismo tiempo que le da —reverso del amor cortés— un alma al cuerpo de Belisa. Obra complejísima que merece más estudio, es una muestra más de cómo, empleando recursos teatrales, Lorca puede ir profundizando en un terreno pisado por muy pocos en el teatro moderno: empleo de teatro dentro del teatro, de personaje dentro del personaje, recurso estilístico moderno y atrevido que nos devuelve al umbral del teatro primitivo, como veremos después.

Nadal ha señalado ya dónde y cómo en *Así que pasen cinco años* se da este fenómeno de teatro dentro del teatro, sobre todo en el tercer acto que «está lleno de unidades aisladas, de verdaderas representaciones teatrales dentro del drama principal»[4]. Nadal opina también que *El público* es la obra que contiene «los mejores ejemplos de una personalísima utilización del viejo recurso dramático»[5]. No nos interesa aquí abarcar todo ello. Basta decir por ahora que esta obra parece tener como tema la naturaleza de lo teatral y sus consecuencias.

Es interesante la comparación que hace Wilma Newberry entre *El público* y la obra de Pirandello, en la que afirma que Lorca casi va más allá que el dramaturgo italiano en indagar niveles de la realidad. Además, apunta la semejanza entre ideas de Lorca que se filtran por la obra y las de Ortega y Gasset sobre la deshumanización del arte, sobre todo en cuanto a lo que tienen que ver con la consecuencia de la destrucción de la distancia estética. Según su tesis los dos han visto perfectamente, y de la misma manera, que el destruir la distancia entre el público y la escena equivale a destruir el teatro. Como es fácil apreciar, y como ya había señalado Nadal, *El público* es el extremo máximo de ese tratar teatralmente del mismo teatro. Como afirma Wilma Newberry lógicamente, después de *El público*, Lorca abandonó este tipo de experimentación[6].

---

⁴ *Ibíd.*, pág. 250.
⁵ *Ibíd.*, pág. 251.
⁶ Wilma Newberry, *The Pirandellian Mode in Spanish Literature from Cervantes to Sastre*, Albany, Nueva York, State University of New York Press, 1973, págs. 125-144. Aunque Nadal parece probar que Lorca escribió *El público* un poco antes de escribir *Así que pasen cinco años* (págs. 125-126) no es difícil ver, a pesar de posibles contradicciones cronológicas, que *El público* es a la vez el extremo y el final de ese tipo de experimentación. *Retablillo de don Cristóbal* es

Importa reiterar aquí que la teatralización consciente con su reducción de distancia estética que alcanza su máxima expresión en *El público,* desaparece después de manera fulminante. No queremos decir que las obras dejan de ser experimentales. Pero de aquí en adelante, en *Bodas de sangre, Yerma, Doña Rosita, Bernarda Alba,* los experimentos no se discutirán dentro de la obra. Lorca hará otra cosa y la experimentación se hará subyacente, se sublimará. Entonces *El público,* como la terminación de teatro auto-conscientemente teatral, divide netamente la dramaturgia lorquiana. Desde *El maleficio* hasta incluso *El público* comprende así la primera etapa teatral en la que todas las obras, unas veces menos, unas veces más, tienen en común, a pesar de la materia tan distinta que lleva a la escena, este aspecto de la teatralización experimental aparente que lleva al callejón sin salida de *El público,* máxima expresión de esa teatralización, aunque posiblemente irrepresentable.

Las obras de plena madurez que siguen son todas obras que se escriben después del período neoyorquino y sus obras correspondientes, y todas pertenecen al período de «La Barraca» y después. Como nota Emilia de Zuleta: «Es interesante observar que, mientras que su actividad como dramaturgo es paralela a su labor como poeta, su experiencia como director de escena... viene a absorberlo casi totalmente en una etapa relativamente tardía»[7]. Es precisamente en su plenitud de director de escena, 1933-1936, cuando Lorca escribe las cuatro obras grandes de madurez teatral. Son obras de mucha seguridad técnica y obras de perfecta representabilidad escénica. Seguirán siendo, insistimos, experimentaciones, es decir, que cada obra tendrá un estilo conscientemente distinto, pero ya Lorca ha dejado atrás esas «comedias irre-

de esa época, o quizá anterior, pero *del todo* de época muy anterior en su sentido, aunque no en la cronología puesto que es obra de títeres. Como tal, muestra en el prólogo y en los juegos escénicos entre el Director, el Poeta y los personajes. Rosita y Cristóbal, el mismo espíritu alegremente teatralizado que encontramos en *La zapatera prodigiosa.*

[7] Emilia de Zuleta, *Cinco poetas españoles,* Madrid, Gredos, 1971, páginas 263-264.

presentables» que son el resultado de la experimentación que comienza con farsas y títeres. Nunca deja de mostrar lo que Emilia de Zuleta ha llamado «la condición constitutiva de Lorca como creador permanentemente acuciado por la necesidad de experimentar»[8]. Pero esa experimentación desaparece de la escena para adentrarse en las mismas obras: en la primera etapa se puede apreciar la experimentación acerca de la escenificación; en la etapa de plena madurez el experimento estará puesto en la escena pero no se descubrirá ni se discutirá en la obra. Han desaparecido prólogos, parlamentos contra el teatro burgués y teorías teatrales. En las primeras obras, como conjunto, percibimos la presencia del dramaturgo; las obras posteriores se caracterizan por su ausencia. El dramaturgo ha desaparecido y nos ha dejado un conjunto de cuatro obras magníficas en su autonomía y su autoctonía[9].

Entendido así, el teatro de Lorca va de la heterodoxia hacia la ortodoxia, lo que no significa un paso atrás sino más bien una depuración de la obra. Lorca experimenta de tal manera que en pocos años parece llegar a comprender que la experimentación por la experimentación, así como el arte por el arte, no lleva en sí a otra cosa que a la destrucción de lo que es el teatro. Y como comprende perfectamente que lo que vale es la representación misma, lo que tiene el teatro de mimesis o de imitación, cambia la trayectoria para experimentar ya con los géneros más universales y más típicos como son la tragedia, *Bodas de sangre* y *Yerma;* el drama de costumbres, *Doña Rosita;* y el drama, *Bernarda Alba,* clasificaciones que discutiremos a continuación.

Nos hemos extendido con esta división de la obra teatral

---

[8] *Ibíd.,* pág. 268.

[9] Véase Marcelle Auclair, *Vida y muerte de García Lorca,* México. D. F., Biblioteca Era, 1972, pág. 305, donde dice: «Como autor dramático, Federico García Lorca es único en el teatro contemporáneo. Tiene la particularidad de meterse dentro de sus personajes, y olvidarse de sí mismo. Teatro en el que no se encuentra una sola 'palabra del autor', este truco del teatro comercial.

»No es García Lorca el que habla, son sus criaturas. Hablan su verdadero lenguaje hasta cuando el poema nace de la prosa: Lo indecible exige ser dicho y el lenguaje de lo indecible es la poesía.»

de Lorca porque nos parece de primera importancia tener en cuenta que la técnica nítida de las obras de madurez hubiera sido imposible sin esa primera etapa de abierta experimentación. Considérese, por ejemplo, la diferencia entre *Mariana Pineda* y *Doña Rosita.*

La división en dos etapas es válida sólo porque Lorca no sobrevivió para decidir si había o no de seguir el camino que le llevó a escribir *El público.* Al final de la obra, el público parece destruir el teatro al mismo tiempo que parece estallar una revolución[10]. Lo que sorprende es lo extremadamente moderno que viene siendo su concepto y, sin embargo, Lorca parece haber comprendido perfectamente que de momento (1933-1936) había que escenificar otra cosa.

Este tipo de especulación, sobre todo dada la truncación de su obra, hace evidente el que cualquier intento de división sea forzado y hasta pueda ser falso respecto de lo que había en potencia. Es preciso entender esta división importante de la dramaturgia lorquiana, pero es necesario indagar más para ver si no encontramos algún modo más eficaz para clasificar, lo que equivale a entender, su teatro. Dividir las obras según muestran experimentación abierta y consciente o según muestran una técnica más nítida nos lleva inevitablemente a considerar la naturaleza de cada experimento.

III. Una clasificación del teatro lorquiano

Experimentar en el teatro poético equivale a estilizar. No conocemos otro teatro tan variadamente estilizado dentro de un marco reducido como el de Lorca. No dudamos que de

---

[10] Sólo podemos hablar hipotéticamente porque no tenemos la obra. Véase, por ejemplo, la descripción de Margarita Xirgu sobre una obra parecida que Lorca le leyó parcialmente en Antonina Rodrigo, *García Lorca en Cataluña*, Barcelona, Planeta, 1975, págs. 358-361. Dice Antonina Rodrigo que nada tiene que ver con *El público,* pero lo cierto es que tienen mucho en común, sean iguales o no. ¿Será ésta la «tragedia política» que menciona Lorca (II, 999)?

haber seguido, Lorca hubiera logrado en teatro una variedad y una riqueza equivalente en su conjunto al logro artístico de Picasso. Nadie más moderno ni más antiguo a la vez, más creador de nuevos estilos o renovador de estilos viejos que Picasso en pintura, o que Lorca en teatro. No queremos forzar la comparación, pero conviene para enfocar el significado de la obra de Lorca. El pintor nacido en Málaga ha hecho cierta recapitulación de la historia de la pintura al mismo tiempo que iba forjando el estilo más moderno de su época. ¿No es eso lo que intentaba y apuntaba Lorca en su teatro? Imposible contestar, porque la obra de Lorca quedó interrumpida en el comienzo de su plenitud: Lorca no llegó a su *Guernica*. Aunque su logro es incompleto, creemos que la comparación es válida. Él mismo decía: «... Si sigo trabajando, yo espero influir en el teatro europeo» (II, 918). Tengamos en cuenta también ciertos comentarios sobre el teatro lorquiano que aparecieron en *Ínsula* en 1960:

> VICENTE ALEIXANDRE: «Presencié el estreno de varias obras de Federico en su día. Recuerdo la triunfante sensación de reanudación y de avance —de verdadera puesta a punto— que se experimentaba al verlas erguidas en el escenario...
> ... ...
> Y pensar en el teatro que recién llegado a su madurez de dramaturgo habría ido escribiendo, en sucesivas indagaciones, cumpliendo la doble función de ser expresión activa de una sociedad y de tirar de ella hacia adelante. Que no es sino lo mismo.»
>
> GONZALO TORRENTE BALLESTER: «La (vigencia) de un clásico cuyo teatro... no puede formar escuela sin riesgo de amaneramiento.»
>
> ANTONIO BUERO VALLEJO: «En mi opinión, Lorca es el más grande autor dramático de nuestro tiempo.
> ... ...
> ... el teatro de Lorca no es, quizá, actual; tampoco creo que lo fuese cuando se creó, y esa es su ventaja. Pues, desde su creación es más bien la honda vigencia de un clásico la que posee.»
>
> ALFONSO SASTRE: «A su muerte dejó, más que 'un teatro', un teatro 'por hacer'. Pero también un teatro que nadie podía continuar.»

José María Castellet: «... Lorca es ya un clásico del teatro
universal y se le representa en ese sentido...»[1].

Aunque el teatro de Lorca tiene un sello personal inconfundible, creemos que su secreto radica en la variedad de estilos empleados. Examinémoslos ateniéndonos al propósito
de cada obra, o cada par de obras, puesto que según sus intentos podemos agrupar casi todas ellas en parejas. Las ex-
cepciones son la primera y la última.

El maleficio de la mariposa

El maleficio, por obra débil de principiante, merece aquí
poca atención. Apunta el tema amor-muerte, pero aparte de
eso, hay muy poco que continúe o sobreviva. Lo que sí
muestra es una voz original. La obra fue un fracaso rotundo
pero no porque no estuviese en la línea de la época, sino porque viene a ser una prueba ejemplar de que no se puede
«montar» teatro sobre el frágil tinglado del verso. Es teatro
poético defectuoso donde el verso sustituye a la acción y elementos de espectáculo —música y baile— sustituyen al argumento. Únicamente sobreviene el tema que se apunta desde este comienzo primerizo. Es la primera y, afortunadamente, la última comedia de insectos.

Dos piezas para títeres

Las obras de títeres proceden del teatro de cachiporra andaluz, versión andaluza del teatro de guiñol popular basado
en la figura de «don Cristóbal el andaluz, primo del Bululú
gallego y cuñado de la tía Norica, de Cádiz; hermano de
Monsieur Guiñol, de París, y tío de don Arlequín de Bérga-
mo» (II, 513).

---

[1] «Una encuesta de *Ínsula:* El teatro de García Lorca», *Ínsula*, XV, CLXVIII
(noviembre de 1960), pág. 8.

Hay dos de ellas (una tercera, por lo menos, perdida): *Tragicomedia de Don Cristóbal* y *Retablillo de Don Cristóbal*. La primera es probablemente de 1922[2] y la otra parece ser de 1931.

Son interesantes por varias razones. En primer lugar representan el vínculo entre el teatro de Lorca y el teatro popular de su niñez que tanta influencia parece haber tenido en su formación. La primera, obra de mucha influencia romántica, muestra claramente una fusión de teatro poético y teatro popular. Las dos especulan sobre teatro y constituyen una crítica del teatro burgués que tanto molestaba a Lorca. Vienen a ser, especialmente la segunda —fresca, ingenua, cómicamente erótica y didácticamente obscena a propósito—, una invasión de la «viejísima farsa rural» en la escena moderna que Lorca califica como llena de tedio y vulgaridad (II, 513). Es teatro popular como antídoto, francamente didáctico en su propósito, al mismo tiempo que sabia refundición de una obra (son en realidad dos versiones de la misma obra) en la que «sigue pura la vieja esencia del teatro» (II, 513), como afirma el final de la segunda. Representaban para Lorca mucho más que una diversión y aunque no tengan gran importancia como obras, sí tienen importancia como manifestación del sentido popular refundido y empleado por el dramaturgo. En Buenos Aires, Lorca y don Cristóbal sostuvieron una conversación antes de presentar *Títeres de la Cachiporra* de la que presentamos aquí algunas frases que muestran hasta qué punto este experimento de los títeres le importaba:

> POETA.—Usted es un puntal del teatro, don Cristóbal. Todo el teatro nace de usted.
> ... ...
> Yo creo que el teatro tiene que volver a usted.
> CRISTÓBAL.—Lo cierto es que yo te gusto a ti. ¡Es un loco este Federico! Siempre me sacas, y aunque yo... me... bueno, haga disparates, a ti te gustan.
> POETA.—Me gustan. Desde mi niñez yo te he querido,

---

[2] Francisco García Lorca, *Five Plays by Lorca*, Nueva York, New Directions, 1963, pág. 4. Ésta es la única cita a esta edición.

Cristobita, y cuando sea viejo me reuniré contigo para
distraer a los niños que nunca estuvieron en el teatro
(I, 1174–1175).

Dos farsas

Ya hemos hablado algo de *La zapatera prodigiosa* y *Don Perlimplín*. Son, sin duda, pequeñas obras maestras. Las dos na-
cen directamente de las obras de títeres, pero ya no son re-
fundiciones de teatro popular, sino más bien farsas artísticas
elaboradas y perfeccionadas. Están llenas de esencia popular
y de muchos recursos populares, como por ejemplo, la situación del viejo que se casa con la muchacha joven, situación
idéntica en las obras de títeres y en éstas.

La zapatera prodigiosa es una farsa completamente tradicional en su contenido, tradicional y antiguo, como podía ser
una farsa de Cervantes[3]. El romance y el cartelón de ciego
que emplea el Zapatero entroncan la obra con una tradición
que remonta por lo menos hasta el siglo XVI. Sin embargo, la
obra no es una refundición o una nueva versión de la farsa
antigua. Todo lo contrario, viene a ser en su técnica una obra
muy moderna. Es precisamente el empleo de esta técnica
moderna y su contenido antiguo lo que inspira, creemos, el
subtítulo de «Farsa violenta». Esta farsa en su acción no es
violenta. El lenguaje siempre alegre y andaluz tampoco lo es.
La violencia es el resultado de llevar «una farsa simple, de
puro tono clásico» (I, 1142) a la escena para tratarla como
una obra moderna[4]. Como dice Lorca, «lo más característico
de esta simple farsa es el ritmo de la escena, ligado y vivo, y

---

[3] En su autocrítica de la obra menciona «una leve caricatura cervantina»
(I, 1144).
[4] En 1923 cuando Lorca escribe por lo menos el primer acto, está claro
que ha concebido la obra como obra de títeres —«por el estilo de Cristobicas» dice en una carta a Fernández Almagro (II, 1065)—, pero en su estreno
en Buenos Aires o su segundo estreno en Madrid en 1935 no se trata de una
obra de títeres, sino de una farsa con música, con bailes, con teatro dentro de
teatro.

la intervención de la música que me sirve para desrealizar la escena y quitar a la gente la idea de que «aquello está pasando de veras» (I, 1143). Empieza como obra de títeres, pero como tardará once años en acabarla evoluciona bastante. *La zapatera prodigiosa,* versión final de 1934, es el producto del teatro de títeres y del período de director de «La Barraca». Su evolución desde «Cristobicas» hasta una farsa muy estilizada es natural porque sigue la evolución del mismo dramaturgo. La obra es de inspiración indudablemente antigua pero resulta ser, con los juegos de niveles de realidad, el teatro dentro de teatro, la escenificación estilizada, casi de danza[5], muy moderna de todas formas. Es esa combinación de lo moderno en cuanto a la técnica y lo antiguo en cuanto al contenido, los personajes y la situación, lo que distingue esta acertada pieza. No nos debe extrañar que *La zapatera prodigiosa* tardase once años en acabarse. Al contrario, es la explicación del feliz resultado.

Si *La zapatera prodigiosa* es una farsa del siglo XVI llevada a la escena moderna, *Don Perlimplín* es una farsa que intencionadamente lleva elementos del neoclasicismo y del romanticismo a esa misma escena. En vez de ser una farsa violenta, será una farsa ritual. Si *La zapatera* es el triunfo de la técnica, *Don Perlimplín* representa el apogeo de la temática en el teatro temprano. Esta «aleluya erótica», como se subtitula la breve obra, es una celebración muy simbólica del eje amor-muerte. *La zapatera* examina alegre y desenfadadamente el eje amor-fantasía y termina, siendo farsa, de manera alegre. *Don Perlimplín* es todavía una farsa, pero es una farsa enigmática, muy estilizada, combinación de elementos grotescos, que sale del reino cómico de la farsa para entrar en un mundo sombrío, simbólico-mítico y trágico. Es una combinación en este sentido de la forma del teatro temprano y la temática de parte del teatro posterior.

El único crítico literario que ha estudiado la pieza con profundidad, Francis Fergusson, afirma lo siguiente sobre el estilo de esta obra:

---

[5] Véase, por ejemplo, cómo terminan los dos actos.

... justamente porque la farsa y sus personajes parecen antiguos, nos impresionan no sólo como grotescos, sino como siniestros. Lorca, mientras conserva la vieja fábula cínica con su resplandor teatral neoclásico, la ve también desde la perspectiva de una época posterior más sombría y romántica; la traspone para resaltar además el tema trágico del amor. Ese tema es también tradicional en la literatura europea, como explica Denis de Rougemont en su libro *El amor en el mundo occidental*. El autor vincula la aspiración terrible a trascender el amor físico con algunos de los poetas provenzales y cree que el tema amor-muerte que repercute en toda la literatura del siglo XIX revive oscuramente el culto herético de Cathari. Lorca parece hacer resonar aquí el tema con un completo sentido de sus profundas raíces, especialmente en las palabras de don Perlimplín sobre la herida mortal del amor, y en la escena final en el jardín que tiene algo de las ceremonias rituales del antiguo y oscuro rito erótico.

Es una idea extravagante combinar farsa y «Liebestod», pero Lorca lo sabía. Mediante el *estilo* de la pieza, consigue una aceptable fusión de elementos tan dispares; porque un estilo hábil implica las limitaciones del tono y del punto de vista que el autor ha aceptado de antemano y así lo hace aceptables y comprensibles para el público. Lorca indica el estilo de esa obra dramática con el subtítulo: «Aleluya erótica». Una aleluya es parecida a una misiva del día de San Valentín: un poema amoroso ilustrado con pinturas, figuras recortadas, papel de encajes y cosas parecidas; algo heroico, recargado y absurdo: una extravagancia ofrecida al ser amado. Todos los elementos de la puesta en escena, música, decorados, trajes, movimientos, deberían obedecer los requisitos de ese estilo. Y debemos recordar que es un estilo español, quizá emparentado con esos dibujos y cuadros de Goya —caballeros heridos, espantosas viejas bigotudas, codiciosas señoritas con mantillas discretas— en los que los restos de la elegancia dieciochesca son vistos bajo una sombría luz[6].

Perlimplín, el hombre neoclásico que se convierte en héroe romántico, es el primer hombre *sacrificado* en el teatro de Lorca. Perlimplín es al mismo tiempo sacrificado y sacrificador[7],

[6] Fergusson, págs. 179-180.
[7] Nadal, pág. 156. Le llama 'Pigmalión de su sueño'.

el primer portador bien realizado del tema de la *Liebestod*, es decir, amor-muerte[8]. Fergusson evalúa perfectamente la extraordinaria significación que esto tiene para el teatro moderno. Por eso califica la obra de «auténtico drama poético moderno»[9].

Perlimplín no es sólo un ser-para-la-muerte, para emplear el término de Heidegger[10]. Es más: es el amante-para-la-muerte que tantas veces aparece en la obra poética y dramática de Lorca. Fergusson ha entendido esto y lo ha relacionado con el tema del *amor cortés* que explica Rougemont. Acierta del todo al relacionar la figura de Perlimplín con ritos antiguos, pero más bien que con el «culto herético de Cathari», creemos que Perlimplín se relaciona con algo que señaló y documentó profusamente en su poco conocido pero importantísimo estudio, *La metáfora y el mito*, el fallecido historiador de religión, Álvarez de Miranda, cuya tesis entronca gran parte de la obra de Lorca, poesía y teatro, con las religiones arcaicas sobre todo en función de lo que él llama «la mística de la muerte», que «se entrelaza con la mística de la vida-sangre y con la mística de la fecundidad-sexualidad»[11].

Sobre Perlimplín afirma:

> No es casualidad que a lo largo de la obra lorquiana sean varones los protagonistas del morir, como tampoco era casual el protagonismo de la mujer en los otros aspectos. Muere el varón, muere sobre todo *para* la mujer; se trata de muertes que están sentidas —como la sexualidad, como la sangre— *desde* la mujer, desde la madre, la esposa o la amante. Muere el salvador. Pero el salvador es siempre el varón. Hace falta siempre que el salvador muera, y toda religiosidad mistérica, hipersensible al tema soteriológico, predica siempre una pa-

---

[8] En *El maleficio* y en *Mariana Pineda* se apunta esto sin realizarlo con eficacia teatral.

[9] Fergusson, pág. 185.

[10] Pedro Salinas, *Ensayos de literatura hispánica*, Madrid, Aguilar, 1961, pág. 393. Creemos que Pedro Salinas es el primero que relaciona este término con Lorca.

[11] Ángel Álvarez de Miranda, *La metáfora y el mito*, Madrid, Taurus, 1963, pág. 31. Pedro Laín Entralgo sí conoce el ensayo; «un ensayo inolvidable», dice en *Tras el amor y la risa*, Barcelona, Aymá, 1967, pág. 114.

sión y muerte masculinas como la de Dionysos y la de Atis, como la de Adonis, Osiris y Tamuz. A su manera, los héroes lorquianos reproducen ese misterio y pasión de «El dios que muere»: ya hemos vislumbrado en *Bodas de sangre* el significado victimario del doble sacrificio varonil. En *Amor de don Perlimplín* el varón se inmolará por la mujer hundiéndose el puñal en el pecho, y el poeta nos hará saber que, gracias a esta muerte, la mujer quedará para siempre «vestida de la sangre gloriosísima» del sacrificado[12].

Don Perlimplín es pues una mezcla originalísima de farsa y de tragedia en su sentido más antiguo y original. En la síntesis de sus elementos neoclásicos, románticos, grotescos, líricos, cómicos, trágicos y rituales, Lorca empieza a ocuparse en su teatro de problemas de índole mítica, simbólica y religiosa que continuarán en *Bodas de sangre* y *Yerma* al menos, y que forman aquí, en un conjunto originalísimo, un experimento poético estilístico que únicamente podremos calificar como lo calificó su autor de «aleluya erótica», puesto que es una creación única. Como dice el mismo Perlimplín: «Esto que yo hago no lo hizo nadie jamás» (II, 350-351). No dudamos en calificar esta pieza como una de las obras de un acto más geniales y originales del teatro mundial, obra que necesita muchísimo más estudio del que se le ha dedicado o hemos podido dedicar en este lugar.

Dos comedias irrepresentables

Ya hemos discutido en parte el significado de estas obras, sobre todo *El público*, al referirnos a la división en el teatro lorquiano. *Así que pasen cinco años*[13] es una obra parecida en muchos respectos a *El público*. Las dos obras tienen sus obvios precedentes en la prosa de las narraciones como «Santa Lucía y San Lázaro» o «Degollación de los inocentes» y los diálogos como «El paseo de Buster Keaton» o «Quimera», o

---

[12] *Ibíd.*, pág. 35.
[13] Que se haya escrito antes o después no tiene importancia: técnicamente representa un paso atrás.

poemas como «Oda a Salvador Dalí» y «Oda al Santísimo Sacramento del Altar», y por supuesto toda la poesía de *Poeta en Nueva York.* Estas obras citadas, más las dos comedias, constituyen lo que algunos críticos han querido ver como el «surrealismo» en Lorca. Nosotros nos hemos referido a obras del período de Nueva York, y no a «surrealismo» porque no creemos que deban llamarse «surrealistas». Nos parece imposible probar la existencia de surrealismo de tipo francés «automático» en ningún escrito de Lorca. Puede haber algo de «automático» en su inspiración, pero como esa «inspiración» se trabaja muchísimo después, «lo automático» como tal no existe[14]. No dudamos que *Así que pasen cinco años* trata de llevar a la escena el problema de la personalidad que incluye el subconsciente, pero no por ello tiene que ser surrealismo *sensu strictu.* Indudables elementos surrealistas tiene, pero en palabras de Nadal, «Lorca se orienta hacia la tradición visionaria y profética de la literatura y del arte español y universal. Mira hacia el Bosco, hacia el Quevedo de los *Sueños,* hacia Goya —el de *Los sueños de la razón producen monstruos.* Bajo el ropaje exterior surrealista, se oculta siempre una vieja tradición cultural»[15]. Más que surrealismo, creemos ver en las dos obras un intento de llevar la poesía —lo que tiene la poesía de abstracto, de correspondencia, de símbolo de lo inefable, de problemas de tipo interior— a la escena. De ahí lo desrealizado de los personajes de *Así que pasen cinco años:* desrealizados y faltos de acción porque son representaciones de abstracciones de la obra poética. Enfocadas de esa manera, *Así que pasen cinco años* y *El público* son las obras más «poéticas» de toda su producción y también las obras más difíciles de representar.

Es imposible juzgar *El público* debidamente porque carecemos del manuscrito completo. De *Así que pasen cinco años,* sin embargo, podemos afirmar que como una obra para leer y ponderar como un poema, es decir, como literatura o página impresa, nos parece interesantísima. Pero como obra teatral

---

[14] Nadal, pág. 93, discute bien la falta de automatismo en el «surrealismo español».

[15] *Ibíd.,* pág. 96.

realizada en la escena nos parece la obra más problemática de su teatro. La materia dramatizada, el tiempo que lleva inexorablemente a la muerte —tema central en la obra de Lorca como ya hemos indicado, tema fascinante y universal— puede carecer de interés teatral cuando se trata de un modo abstracto, y es precisamente la abstracción a esencia, lo poético en lugar de lo dramático, lo que se trata de llevar a escena.

En esta obra que se subtitula «Leyenda del tiempo en tres actos y cinco cuadros», Lorca anticipa plenamente el Beckett de *Esperando a Godot:* en el primer acto no pasa nada, ni siquiera el tiempo —al principio y al final dan las seis—. No ha pasado un momento. Al final del tercer acto dan las doce. Han pasado seis horas. ¿También han pasado cinco años? ¿Por qué pone en el subtítulo «cinco cuadros» cuando sólo hay cuatro? ¿Equivocación, juego u obra sin terminar?[16]. Como *El público,* es una obra de una modernidad asombrosa: más que teatro a veces nos hace pensar en la riqueza simbólica y matizada del cine de un Fellini.

Repetimos: las dos obras son interesantísimas y muy avanzadas. Apuntan hacia el teatro moderno o del absurdo. Como experimentos son importantes, como ya hemos visto, para entender cuánto ha podido abarcar Lorca en su teatro. Pero como experimentos estilísticos también representan un extremo sin continuación. Por eso creemos que quedan al margen de su producción dramática como atrevidos y geniales ensayos. Como muestra claramente Nadal, arrojan nueva luz —especialmente *El público*— sobre toda su obra y ayudan a entender el conjunto de la obra lorquiana[17]. Lorca decía que *El público* «no es una obra para representarse; es, como ya la he definido, 'un poema para silbarlo'» (II, 929). *Así que pasen cinco años* —«*leyenda* del tiempo»—, sería así un poema para leerlo.

---

[16] Véase Eugenio F. Granell, «Así que pasen cinco años, ¿qué?», en Ildefonso-Manuel Gil (editor), *Federico García Lorca. El escritor y la crítica,* Madrid, Taurus, 1973, págs. 211-224, para una interesante especulación sobre el significado de esos «cinco años».

[17] Nadal, págs. 127-130.

Aunque diez años o más separan *Mariana Pineda* de *Doña Rosita la soltera,* años que marcan casi toda la evolución teatral de Lorca, las obras tienen muchos aspectos en común, sobre todo el intento de escenificar el espíritu del pasado de Granada. Las dos obras son poéticas y pictóricas; tienen por heroína a una mujer cuyo amante o prometido las abandona; y, finalmente, son las «piezas de época» más acentuadas del teatro lorquiano. La gran diferencia entre ellas es el resultado teatral: *Mariana Pineda,* tanto en Barcelona y Madrid en el año de su estreno (1927), como en su estreno americano en Buenos Aires (1934), como en su reposición en Madrid (1967), no constituyó un éxito[18]. En cambio, el estreno en Barcelona de *Doña Rosita la soltera* no es sólo un éxito, es todo un acontecimiento teatral: según Torrente Ballester, había críticos catalanes y madrileños, artistas, escritores, público y hasta «flamencos» en aquella ocasión de expectación inusitada, jornada «gloriosa para Margarita Xirgu y Federico García Lorca»[19].

Mariana Pineda se subtitula «romance popular en tres estampas», pero su autor la califica mejor, a nuestro parecer, cuando la llama en una carta a Jorge Guillén de 1927, «drama romántico». Dice además: «El hacer un drama romántico, me gustó extraordinariamente hace tres años. Ahora lo veo como al *margen* de mi obra. No sé» (II, 1158). El mismo día de su estreno en Barcelona declara en una autocrítica: «Se trata de un drama ingenuo como el alma de Mariana Pineda,

---

[18] Véase el artículo de Ricardo Domenech «A propósito de *Mariana Pineda*», *Cuadernos Hispanoamericanos,* núm. 70 (1967), págs. 608-613, para un interesante estudio sobre la historia de las representaciones de *Mariana Pineda,* y Antonina Rodrigo, páginas 60-106, para toda una historia de la obra, incluyendo los juicios de la prensa catalana respecto de su estreno. El libro de Antonina Rodrigo contiene, además, fotos muy interesantes.

[19] Gonzalo Torrente Ballester, *Crónica,* Madrid, 22 de diciembre de 1935. Para una completa descripción del estreno, véase Antonina Rodrigo, páginas 371-390.

en un ambiente de estampas, querido por mí, utilizando en ella todos los tópicos bellos del romanticismo. Inútil decir que tampoco es un drama romántico, porque hoy no se puede hacer en serio *pastiche*, es decir, un drama del pasado» (I, 1139). En 1929 en un homenaje en Granada explica su juicio de la obra: «Mi drama es obra débil de principiante, y aun teniendo rasgos de mi temperamento poético no responde ya en absoluto a mi criterio sobre el teatro» (I, 1154). *Mariana Pineda* es precisamente un drama romántico, obra débil de principiante que no tuvo éxito. No fracasó como *El maleficio de la mariposa* lo había hecho, es cierto. Pero del fracaso de *El maleficio* bromearía después. En cambio, llevó *Mariana Pineda* a Buenos Aires para otro estreno en 1934, donde declaró: «*Mariana Pineda* fue una de las más grandes emociones de mi infancia» (II, 945). Poco antes había dicho: «Yo tenía en Granada su estatua frente a mi ventana, que miraba continuamente. ¿Cómo no había de creerme obligado, como homenaje a ella y a Granada, a cantar su gallardía?» (II, 939). Después de su primer estreno en Barcelona, según cuenta Antonina Rodrigo, estuvo triste[20]. No cabe duda de que Lorca sintió profundamente la falta de éxito de aquel drama con el que trataba de celebrar el amor, la libertad y su ciudad.

Mariana Pineda es otra puesta de versos en escena, pero en vez de los insectos *de El maleficio de la mariposa*, son figuras románticas de 1830. No es una obra histórica, porque Lorca ha cambiado los hechos para convertir a Mariana —heroína política en la historia— en una heroína del amor, heroína puramente romántica. Fergusson opina que «cada obra de Lorca es, entre otras cosas, una consciente pieza de época»[21]. Después de *Doña Rosita*, no hay obra en la dramaturgia lorquiana que confirme esta teoría mejor que *Mariana Pineda* —una combinación de obra de dramaturgo todavía principiante y de «pieza de época», precisamente de la época romántica, con los defectos naturales de ambos fenómenos. Lorca afirma que no es *pastiche*, pero lo tiene que afirmar justamente porque parece serlo. Un drama sobre el período histórico romántico tra-

---

[20] Rodrigo, pág. 102.
[21] Fergusson, pág. 183.

tado de manera romántica no podía parecer otra cosa. El defecto de *Mariana Pineda* es tanto de fondo como de forma: la adecuación entre técnica y materia está más bien lograda y el resultado es inevitablemente una pieza de época «romántica». Después de la desilusión de *Mariana Pineda* no experimentaría más dentro del romanticismo *per se*.

Doña Rosita la soltera es la superación de todo ello: se trata, en una perfectamente lograda «pieza de época», de una mujer granadina abandonada por su novio, papel que nuevamente desempeñaría Margarita Xirgu. *Doña Rosita la soltera o el lenguaje de las flores*, «Poema granadino del novecientos, dividido en varios jardines con escenas de canto y baile», es una «pieza de época» finisecular como indica el subtítulo, pero subdividida en tres estilos que indican tres periodos distintos: «Cada jornada de la obra se desarrolla en una época distinta», afirma Lorca (II, 1009). *Doña Rosita* es, pues, un *tour de force*, no una simple «pieza de época», sino todo un tríptico granadino que viene a reivindicar el poco éxito de *Mariana Pineda*.

Es un drama de costumbres que plasma y fija en escena la esencia granadina como reflejo provinciano en tres momentos de lo que está pasando en el mundo. Tres momentos como retratos —jardines en el lenguaje de las flores— que paran y fijan en pintura escenográfica tres instantes en los que no pasa nada, los tres actos de *Doña Rosita* constituyen la más feliz representación de la estilización de época tan aparente en el teatro de Lorca. Son tres momentos que describen el *pathos* de toda una vida sin realización, momentos estáticos y provincianos que al ponerse en escena presentan una lección contraria a su propia naturaleza porque esos momentos (1885, 1900, 1911), funcionan como una sinécdoque dramática que significa el inexorable fluir del tiempo heraclitano. El problema de primer término es universal, aunque se fija en lo que Lorca llamó «... esa cosa grotesca y conmovedora que es una solterona en España» (II, 1009). Lo es también el problema del fondo según el concepto del propio dramaturgo:

> Transcurre el primer tiempo de los años almidonados y relamidos de 1885. Polisón, cabellos complicados, muchas lanas

41

y sedas sobre las carnes, sombrillas de colores... Doña Rosita tiene en ese momento veinte años. Toda la esperanza del mundo está en ella. El segundo acto pasa en 1900. Talles de avispa, faldas de campánula, exposición de París, modernismo, primeros automóviles... Doña Rosita alcanza la plena madurez de su carne. Si me apuras un poco casi te diría que un punto de marchitez asoma a sus encantos. Tercera jornada: 1911. Falda *entravée*, aeroplano. Un paso más, la guerra. Dijérase que el esencial trastorno que produce en el mundo la conflagración se presiente ya en almas y cosas (II, 1009).

Queda completamente claro que los momentos fijados representan para su autor los problemas de toda una época. Doña Rosita no podía ser más universal: «¡Cuántas damas maduras españolas se verán reflejadas en doña Rosita como en un espejo!» (II, 1009-10). La dama granadina es tan representativa de la española como la española lo podrá ser de la universal. Pero a esa universalidad se llega precisamente al pormenorizar cuanto sea posible y con cuanto detalle específico se tenga al alcance. Lo universal en la obra —fenómeno paradójico y muy lorquiano— se logra a base de lo particular granadino llevado al nivel poético. Poetizar teatralmente aquella realidad granadina —y no es difícil ver lo poético de su concepción, empezando con doña Rosita y la rosa mutábile— equivale a decir seleccionarla, estilizarla y arreglarla en la escena. Que Lorca intentase exactamente eso queda claro en la cita anterior. Que lo lograse también queda documentado ampliamente en un fino estudio de Daniel Devoto que revela y analiza el empleo de las fuentes exactas: libros botánicos, modismos, elementos populares, personajes locales verdaderos, romances, fuentes clásicas, comedias y libros del siglo pasado. Éstos, más recursos y tema suyos, forman un conjunto que logra «una unidad total, ... una obra del García Lorca más pura, quizá aquella en la que se nos da mejor y más enteramente, con su faz de gracia inimitable, con su faz de profundo dramatismo»[22].

Mariana Pineda era un intento poco afortunado de «romantizar» lo que Lorca llama «una de las más grandes emo-

---

[22] Daniel Devoto, «*Doña Rosita la soltera:* estructura y fuentes», *Bulletin Hispanique,* 69 (1967), págs. 407-435. La cita es de la pág. 434.

ciones de mi infancia» (II, 945). *Doña Rosita la soltera*, en
cambio, es un logro teatral poético excepcional, «drama de la
cursilería española» (II, 1010) como dice Lorca, y también «el
drama profundo de la solterona andaluza y española en general»[23]. Se inspira en la misma sustancia que *Mariana Pineda:* «Con *Doña Rosita la soltera*... he querido realizar un poema de mi infancia en Granada...»[24]. Pero en vez de ser drama
romántico rayando en *pastiche,* es, como dice el subtítulo,
«poema granadino del novecientos», auténtico drama de costumbres, donde la teatralización poética de las costumbres,
en vez de quedarse en la superficie costumbrista, penetra
hondamente en un problema universal. Ese «drama de la
cursilería española» es mucho más que una *comedy of manners*
—comedia de costumbres a la inglesa—. Explica Lorca que
después de *Bodas de sangre* y *Yerma* quiso descansar realizan-
do lo que llama: «una comedia sencilla y amable; no lo he
conseguido —dice—, porque me ha salido un poema que
me parece que tiene más lágrimas que mis dos anteriores pro-
ducciones..., me ha tocado en suerte la parte seria del teatro,
debido a mi temperamento de poeta por encima de todo»[25].
Doña Rosita es indudablemente una «pieza de época», y quizá una expresión máxima de ella por la sinergia de sus tres actos estilísticamente tan diferenciados. Pero es algo distinto
también que únicamente podemos calificar como drama poético de costumbres en el que el lento deshojar de una Rosa
provinciana cobra en tres momentos —casi podíamos decir
tres movimientos— profundas dimensiones universales.

Dos tragedias andaluzas

No nos interesa aquí tratar de definir el concepto ni discutir distintas teorías de tragedia. El dramaturgo afirmó una
y otra vez, como veremos, que *Bodas de sangre* y *Yerma* eran

---

[23] Rodrigo, pág. 382. Esta cita aparece en las *Obras completas,* en catalán, I,
1145.
[24] *Ibíd.*
[25] *Ibíd.*

tragedias, lo que equivale a decir que, al menos, trataba de escribir tragedias conscientemente. En nuestra clasificación del teatro lorquiano no podemos ni queremos *probar* que *Yerma* es una tragedia, pero sí creemos poder diferenciar la técnica, el experimento, es decir, el modo de llegar a la materia, el modo de tratarla y de presentarla. En cuanto a probar, sólo trataremos de demostrar que con *Bodas de sangre* y *Yerma*, Lorca intentaba crear dos tragedias. Todo ello en función de clasificar en última instancia *La casa de Bernarda Alba* que Lorca nunca llamó tragedia, sino drama.

Muchos críticos insisten en decir que *Bernarda Alba* constituye una tercera tragedia de una trilogía trágica. El error probablemente es inducido porque Lorca habló de una trilogía y porque *Bodas de sangre*, *Yerma* y *Bernarda Alba* son tres obras que tienen muchos elementos en común: tratamiento de problemas sexuales, mujeres como protagonistas, la muerte al final de las tres y el campo andaluz como fondo. Pero el número *tres* es accidental y no implica trilogía necesariamente. *Bodas de sangre* y *Yerma* son dos tragedias de una proyectada trilogía trágica. *Bernarda Alba* es ya otro estilo, otro procedimiento, otro género, otro experimento. ¿Por qué nadie habla de *Doña Rosita* en este contexto? Cronológicamente divide *Bodas de sangre* y *Yerma* de *Bernarda Alba*. La razón obvia es el estilo y el hecho de tratar de la ciudad, la clase media, la cursilería. Para nosotros existe también una gran diferencia entre el estilo de *Bernarda Alba* y las dos tragedias. Lo que tienen en común las tres es el campo andaluz y sus campesinos como personajes; y es esto, el *fenómeno andaluz* que tienen en común, lo que ha despistado o confundido a ciertos críticos[26].

Tenemos que enfrentarnos con lo que llamamos *fenómeno* andaluz para clasificar y entender el teatro de Lorca, pero un

---

[26] Decimos *fenómeno* en el sentido sociológico-histórico más amplio. Álvaro Fernández Suárez, *España: árbol vivo*, Madrid, Aguilar, 1961, describe peculiaridades sociohistóricas de Andalucía empleando términos como «misterio» o «secreto» o «esoterismo». Nosotros preferimos el término más abierto *fenómeno*. Fernández Suárez describe, pero no define. (Como decimos más adelante, no se trata de *definir.*) Véanse especialmente págs. 210-218.

44

tes de entrar en ello veamos lo que Lorca declaró sobre las dos tragedias, para tener en cuenta desde un principio lo que su autor creía intentar con ellas. No creemos en absoluto que el crítico pueda fiarse siempre de lo que un escritor diga de sí mismo, y, sin embargo, sobre todo en el caso de Lorca —porque fue siempre tan consciente de su estilo teatral—, pensamos que es útil escucharlo. En primer lugar veremos cómo clasifica *Bodas de sangre* y *Yerma*:

> *Bodas de sangre* es la parte primera de una trilogía dramática de la tierra española. Estoy, precisamente estos días, trabajando en la segunda, sin título aún, que he de entregar a la Xirgu. ¿Tema? La mujer estéril. La tercera está madurando ahora dentro de mi corazón. Se titulará *La destrucción de Sodoma* (II, 914).

Está claro desde un principio que Lorca quiere escribir una trilogía trágica. ¿Por qué trilogía? Lo contesta muy bien Ruiz Ramón: «... no es arbitrario suponer que la estructuración tripartita tiene como modelo ideal la clásica trilogía de la tragedia griega»[27]. Poco después Lorca afirma:

> Ahora voy a terminar *Yerma,* una segunda tragedia mía. La primera fue *Bodas de sangre. Yerma* será la tragedia de la mujer éstéril. El tema, como usted sabe, es clásico. Pero yo quiero que tenga un desarrollo y una intención nuevos. Una tragedia con cuatro personajes principales y coros, como han de ser la tragedias. Hay que volver a la tragedia. Nos obliga a ello la tradición de nuestro teatro dramático. Tiempo habrá de hacer comedias, farsas. Mientras tanto, yo quiero dar al teatro tragedias. *Yerma,* que está acabándose, será la segunda (II, 964).

Y agrega: «Caminos nuevos hay para salvar al teatro. Todo está en atreverse a caminar por ellos» (II, 965). La tragedia viene a ser así una *forma* antigua cuyo uso en el teatro de ahora constituye un experimento, un nuevo camino atrevido:

---

[27] Ruiz Ramón, pág. 193.

> Mi trayectoria en el teatro... yo la veo perfectamente clara. Quisiera terminar la trilogía de *Bodas de sangre, Yerma* y *El drama de las hijas de Loth*. Me falta esta última. Después quiero hacer otro tipo de cosas... (II, 975).

El drama de las hijas de Loth y *La destrucción de Sodoma* son obviamente la misma pieza que hoy únicamente podemos comentar por un esbozo verbal de la obra proyectada, tal como la explicó Lorca el último día que estuvo en Madrid[28]. Lo único cierto parece ser que tenía proyectada una trilogía de la que dos llegaron a realizarse: *Bodas de sangre* y *Yerma*. También habló de trilogía bíblica[29]. ¿Otra trilogía? ¿Trágica? ¿No cabría allí la obra sobre Sodoma? ¿Trilogías que se enlazan? Lorca se contradice a menudo en sus declaraciones, como es lógico, cuando comenta una obra por hacer, y al revés, se contradice muy poco sobre obras terminadas.

Sigue afirmando la existencia de la trilogía. Después del estreno de *Yerma* comenta:

> Ahora a terminar la trilogía que empezó con *Bodas de sangre*, sigue con *Yerma* y acabará con *La destrucción de Sodoma*... (II, 975).

Otra vez surge el título anterior en relación con *Bodas de sangre* y *Yerma*. Sobre *Yerma* declara en Barcelona:

> *Yerma* es una tragedia. Una tragedia de verdad. Desde las primeras escenas el público se da cuenta de que va a asistir a algo grandioso.
> ¿Qué pasa? *Yerma* no tiene argumento. *Yerma* es un carácter que se va desarrollando en el transcurso de los seis cuadros de que consta la obra. Tal y como conviene a una tragedia. He introducido en *Yerma* unos coros que comentan los hechos o el tema de la tragedia, que es lo mismo. Fíjese que digo tema. Repito que *Yerma* no tiene argumento. En algunas ocasiones al público le parecerá que lo tiene, pero se trata de un pequeño engaño... ¡Ah! Los actores no hablan

[28] Nadal, págs. 13-14.
[29] *Ibíd.*, pág. 13.

con naturalidad. ¡Nada de naturalidad! Alguien quizá lo censure... Si la censura se produjera, conste que el responsable soy yo. El único responsable... ¡Una auténtica tragedia...! *Yerma* quiero creer que es algo nuevo, pese a ser la tragedia un género antiguo. Ante *Yerma* habrán desaparecido veinte o treinta años de «teatro de arte»[30].

Una vez más Lorca pone de manifiesto la creación de algo nuevo dentro del género antiguo de tragedia. Poco después comenta lo siguiente y reitera:

> *Yerma* es una tragedia. He procurado guardar fidelidad a los cánones. La parte fundamental —claro— reside en los coros, que subrayan la acción de los protagonistas. No hay argumento en *Yerma.* Yo he querido hacer eso: una tragedia, pura y simplemente (II, 998).

La intención del dramaturgo no podría expresarse más claramente. Al montar *Bodas de sangre* por primera vez en Barcelona, ahora con Margarita Xirgu y con mucha intervención de él mismo, dice:

> Se trata de un verdadero estreno. Ahora verán la obra por primera vez. Ahora se representará íntegra. Imaginaos que ya han colocado en los carteles el nombre real con el que había bautizado la obra: «tragedia». Las compañías bautizan las obras como dramas. No se atreven a poner «tragedias». Yo, afortunadamente, he topado con una actriz inteligente como Margarita Xirgu, que bautiza las obras con el nombre que deben bautizarse[31].

Esta última cita es para nosotros una prueba más de la estilización consciente que muestra Lorca en todas sus obras: con tanto afán de bautizar correctamente cada una de ellas, sobre todo una vez escritas y no meramente concebidas, con tanto afán de especificar *tragedias* cuando se trata de tragedia, ¿por qué habría dicho, en el caso de *La casa de Bernarda Alba,* dra-

---

[30] Rodrigo, pág. 318 (II, 997 en catalán).
[31] *Ibíd.*, págs. 364-365 (II, 1007 en catalán).

ma si hubiese intentado escribir tragedia? Creemos que la intención está clarísima en las descripciones de las obras: *Bodas de sangre:* «tragedia»; *Yerma:* «poema trágico»; *La casa de Bernarda Alba:* «drama». Las dos primeras son dos tragedias de una proyectada trilogía «de la tierra española». El problema de la confusión respecto a esta trilogía no creemos que sea cuestión de la forma ni la intención lorquiana, sobre todo si examinamos, como acabamos de hacer, las declaraciones indicadas. El problema reside más bien en el hecho de que *La casa de Bernarda Alba* es también una obra «de la tierra española», lo que nos trae otra vez al *fenómeno andaluz* que ahora es preciso examinar.

En 1936 Lorca declara, «todas las personas de mis poemas han sido» (II, 1013). Hablando de *Bodas de sangre* y *Yerma* el año anterior había dicho: «De la realidad son fruto las dos obras. Reales son sus figuras; rigurosamente auténtico el tema de cada una de ellas...» (II, 984). En una entrevista biográfica fechada en 1934, Lorca hace unas declaraciones sobre su niñez:

> Amo a la tierra. Me siento ligado a ella en todas mis emociones. Mis más lejanos recuerdos de niño tienen sabor de tierra. La tierra, el campo, han hecho grandes cosas en mi vida... De lo contrario, no hubiera podido escribir *Bodas de sangre.*
> ... ...
> Mis primeras emociones están ligadas a la tierra y a los trabajos del campo. Por eso hay en mi vida un complejo agrario, que llamarían los psicoanalistas.
> Sin este mi amor a la tierra, no hubiera podido escribir *Bodas de sangre.* Y no hubiera tampoco empezado mi obra próxima: *Yerma.* En la tierra encuentro una profunda sugestión de pobreza. No la pobreza sórdida y hambrienta, sino la pobreza bienaventurada, simple, humilde, como el pan moreno (II, 958-959).

En otra entrevista decía:

> Amo en todo la sencillez. Este modo de ser sencillo lo aprendí en mi infancia, allá en el pueblo. Toda mi infancia es pueblo. Pastores, campos, cielo, soledad. Sencillez en suma. Yo

me sorprendo mucho cuando creen que esas cosas que hay en mis obras son atrevimientos míos, audacias de poeta. No. Son detalles auténticos, que a mucha gente le parecen raros... (II, 977).

Citamos todo eso porque tenemos que reducir «la tierra española» a «tierra andaluza». Lo que llamamos *fenómeno andaluz* es una sensibilidad autóctona, en el sentido etimológico de la palabra, existente en Andalucía —en el campo de Andalucía— que no se da, que sepamos, con la misma intensidad en otra parte del mundo occidental.

Es un problema difícil de discutir. Decimos *fenómeno* porque no existe otro término adecuado que pueda abordar campos muy distintos que van desde lo más superficial del folklore hasta lo más hondo, y quizá «místico» hasta cierto punto, de la religión arcaica comparada. Es una cuestión que se ha tratado con mucha delicadeza cuando no se ha evitado por completo. Nosotros no pretendemos definirlo aquí, pero sí intentar esbozarlo y mostrar su relación con *Bodas de sangre, Yerma* y *La casa de Bernarda Alba*. El tema es de por sí de imposible definición; y por encima de ese problema existe otro que es la confusión por la perversión del folklore español, y andaluz en particular, que encierra toda noción de la «España de pandereta» o «la españolada». Este peligro lo ha visto muy bien Marcelle Auclair: «Pero Andalucía se ha ido convirtiendo en sinónimo de flores en la cabeza, de macetas de geranios, de guitarras y castañuelas; 'España de pandereta', inventada por los turistas, según los españoles, y que ellos no hicieron más que adoptar»[32]. La crítica francesa trae a colación la Andalucía de los Álvarez Quintero, la que hoy sería la Andalucía de los carteles de turismo: todo lo típico en el peor sentido: «*Spain is different*». Toda esta Andalucía brillante y falsificada tiene una larga historia y ha pesado mucho sobre el mismo Lorca que odiaba aquello de «poeta folklórico» o «poeta gitano», y que no resistía toda la falsa adulación de los «lectores que echan baba lujuriosa sobre "La casada infiel"» (II, 1026).

---

[32] Auclair, pág. 304.

La Andalucía falsa y la del *fenómeno andaluz* no podrían ser más distintas. Como dice Marcelle Auclair: «La Andalucía de los dramas de Federico no es la de la maceta municipal y obligatoria, es aquella que únicamente se encuentra en los rincones perdidos, devorados de polvo bajo el sol, a veinte leguas de paradores y albergues. Sólo esta Andalucía es verdadera»[33]. Esta es la Andalucía de *Bodas de sangre,* de *Yerma* y de *La casa de Bernarda Alba*, la Andalucía de la que hablaba Lorca en las citas anteriores como la realidad suya de donde vendrían todos sus personajes, sinécdoque de «la tierra española».

No hay ninguna contradicción aquí: Lorca parte de la realidad suya, la realidad en torno, la realidad del campo andaluz, pero no la lleva a la escena de manera realista, sino de manera poética y trágica, o como dice Monleón respecto de *Bodas de sangre* y *Yerma* «a través de una forma deliberada y sabiamente despegada de cualquier naturalismo»[34].

Obviamente, Lorca se siente enraizado en su tierra. Hablando de la poesía de Lorca, Monleón cita la frase «ciencia ignorada» del poema «Manantial» y cree que esta «ciencia ignorada» es una «ciencia primitiva y perdida... que obsesiona a una serie de artistas contemporáneos, convencidos de que el racionalismo, tal como hoy suele entenderse, implica una relación parcial y mutilada entre el hombre y el mundo. A través de esta idea o sentimiento lorquiano llegaríamos a comprender, por ejemplo, la identificación entre Yerma y la tierra, entre su infecundidad y la del mundo en que vive»[35]. Esta «ciencia ignorada» es para Monleón su conciencia mítica asociada a una sabiduría primitiva, panteísta y no antropocéntrica, cuyo tema fundamental es la muerte[36]. Afirma que «por oscuros que puedan ser los mitos que van encarnando la tierra y la sociedad andaluzas, siempre sentimos que todo ese material forma parte de un conocimiento de realidad»[37]. Esto

---

[33] *Ibíd.*, pág. 305.
[34] Monleón, pág. 61.
[35] *Ibíd.*, pág. 84.
[36] *Ibíd.*, págs. 80-86.
[37] *Ibíd.*, pág. 80.

es tan aplicable al teatro como a la poesía, especialmente en *Bodas de sangre, Yerma* y *La casa de Bernarda Alba,* donde ocurre una escenificación de la realidad andaluza, no realismo, sino «nuevas e ignoradas perspectivas de esa realidad»[38], lo que equivale a decir escenificación del *fenómeno andaluz.*

Lorca intentó captar en poesía y en teatro lo que su tierra le brindaba de esencia latente, de supervivencia telúrica o de conciencia mítica que ya se había destruido, o que ya había desaparecido en el mundo moderno occidental. Vestigios culturales, remanentes «pre-lógicos», o atavismos inadvertidos por otros, representaron para Lorca parte de su realidad. El *fenómeno andaluz* no es otra cosa que esa realidad andaluza. Lorca llegó a ella por alguna vía de la intuición y la expresó mediante su arte. Esta expresión suya en cuanto a intuición tiene que entenderse como la expresión de cierta «mística» que forma parte de la realidad andaluza y a la cual el genio lorquiano fue peculiarmente sensible. Los críticos que analizan elementos *jungianos* o elementos míticos en la obra de Lorca tratan de explicar precisamente ese fenómeno tan aparente, pero tan difícil de explicar *racionalmente.*

El *fenómeno andaluz* no es un «tema» y no es «literario». No es tampoco «popular» o «folklórico», aunque Lorca empleaba como recursos a veces lo folklórico y lo popular. La participación de Lorca en ello significa toda una actitud vital frente a la vida, la muerte y el arte. Es esa actitud la que le llevaría inevitablemente a denunciar a Nueva York como «la gran mentira del mundo... una civilización sin raíces» (II, 1017), así como calificaría a Cuba, en cambio, «la Andalucía mundial» (I, 1103). Esa actitud constituye toda una visión del mundo. Es una visión natural que abarca elementos telúricos y oníricos forjados a lo largo de tres milenios en la fragua candente de la cultura andaluza desde el Tartessos de Argantonio hasta el siglo XX. La supervivencia de la fundición de rasgos culturales inmemoriales, de procedencia tan heterogénea en una cultura inconfundible, representa una de las cua-

---

[38] *Ibíd.* Otra vez referimos al lector al libro de Fernández Suárez (páginas 210-218).

lidades más singulares del pueblo andaluz. La transmisión de esa fundición en la poesía y en el teatro de Lorca es su crisopeya: nada menos «flamenco» o más hondo.

Repetimos aquí que no tratamos de definir, sino de sugerir un contexto cultural concéntrico sin el cual la obra de Lorca nos parece indescifrable. Lo expresa él perfectamente cuando dice que no hubiera podido escribir *Bodas de sangre* ni *Yerma* sin la conciencia ni el amor hacia «la tierra». Su magistral ensayo «Teoría y juego del duende» es una magnífica explicación de todo ello y debe considerarse el credo artístico de Lorca y una prueba cabal de su creencia y activa participación en este *fenómeno*. Conviene citar algunos fragmentos para que no haya equivocación:

> ... Manuel Torre (el *cantaor*) dijo... esta espléndida frase: «Todo lo que tiene sonidos negros tiene duende.» Y no hay verdad más grande.
>
> Estos sonidos negros son el misterio, las raíces que se clavan en el limo que todos conocemos, que todos ignoramos, pero de donde nos llega lo que es sustancial en el arte.
>
> ... ...
> ... no es cuestión de facultad, sino de verdadero estilo vivo; es decir, de sangre; es decir, de viejísima cultura...
>
> ... ...
> Este «poder misterioso que todos sienten y que ningún filósofo explica» es, en suma, el espíritu de la tierra...
>
> ... ...
> ... el duende... había saltado de los misteriosos griegos a las bailarinas de Cádiz o al dionisíaco grito degollado de la siguiriya de Silverio.
>
> ... ...
> Para buscar al duende no hay mapa ni ejercicio.
>
> ... ...
> Los grandes artistas del sur de España... saben que no es posible ninguna emoción sin la llegada del duende (I, 1067-1070).

Las citas podrían multiplicarse. Aunque Lorca habla de España, está claro que lo hace desde el punto de vista andaluz. Aunque no lo diga, no ve a Andalucía como parte de España, sino a España como extensión de Andalucía. A Pastora

Pavón le llama «sombrío genio hispánico» (I, 1070) y a Manuel Torre «el hombre de mayor cultura en la sangre que he conocido» (I, 1068)[39]. ¿Qué es «cultura de sangre» sino etnología andaluza? ¿Por qué dice que el *cantaor* gaditano, Ignacio Espeleta, tiene «una sonrisa digna de Argantonio» o que «los Florida, que la gente cree carniceros..., en realidad son sacerdotes milenarios que siguen sacrificando toros a Gerión», o que tiene el ganadero de toros de lidia, Pablo Murube, «aire de máscara cretense» (I, 1071)? Dice que Pastora Pavón «se levantó como una loca, tronchada igual que una llorona medieval», y que «su voz era un chorro de sangre» (I, 1071). ¿Por qué compara la búsqueda del duende con la búsqueda de Dios para decir después que produce «un entusiasmo casi religioso» (I, 1072)? El duende, que es lo esencial, no viene sin la posibilidad de la muerte. España es «país de música y danza milenaria..., país de muerte..., abierto a la muerte..., país donde lo más importante de todo tiene un último valor de muerte..., el único país donde la muerte es el espectáculo nacional, donde la muerte toca largos clarines a la llegada de la primavera» (I, 1073-1078). Y ¿por qué se refiere a «toda la liturgia de los toros, auténtico drama religioso donde, de la misma manera que en la misa, se adora y se sacrifica a un Dios»? (I, 1077). ¿No son todas estas expresiones manifestaciones soberbias del *fenómeno andaluz*?

Muy pronto se ha dicho en términos críticos sobre este aspecto medular en el estudio de Lorca. Necesita explicarse más a fondo en el futuro; aquí sólo tocamos la superficie. Ha habido cierta resistencia a examinar este aspecto en Lorca, cierto temor a caer en lo folklórico. Pero si hay en todo esto lo que creemos, últimos vestigios de una expresión antigua, expresión autóctona originalísima, única en Occidente, expresión de una cultura antípoda y antítesis de aquella de Nueva York que tanto horrorizó a Lorca, ¿dónde mejor para

---

[39] Sobre Manuel Torre véase Rafael Alberti, *La arboleda perdida*, Buenos Aires, Fabril Editora, 1959, págs. 263-267, donde el poeta del Puerto de Menesteos relata el famoso viaje de la Generación del 27 con Ignacio Sánchez Mejías a Sevilla. Compara el magisterio del *cantaor* jerezano «en aquella mágica y mareada noche de Sevilla» con el de «un Góngora o de un Mallarmé».

señalar la necesidad de su estudio que aquí, donde intentamos enjuiciar una obra maestra de su más fino portavoz?

Otros, por supuesto, han iniciado este estudio y lo que aquí exponemos sería imposible sin sus aportaciones. ¿No es este *fenómeno* lo que Salinas comienza a discutir en su ensayo «García Lorca y la cultura de la muerte», donde dice:

> «Pero Lorca, aunque expresa con originalidad y acento personal evidentes el... sentir de la muerte, no ha tenido que buscarlo... Se lo encuentra en torno suyo, en el aire natal donde alienta, en los cantares de las servidoras de su casa... Se lo encuentra en todo lo que su persona individual tiene de pueblo, de herencia secular. Nace Lorca en un país que lleva siglos viviendo un especial tipo de cultura, el que llamo *cultura de la muerte*»[40].

En la traducción de su ensayo al inglés, Salinas se extiende y relaciona este *fenómeno* precisamente con la celebración de la muerte que tiene lugar cada primavera en la Semana Santa y la Feria sevillanas. Salinas lo relaciona debidamente a todo el país, pero centra su ejemplo en Sevilla[41].

Y ¿no es esto exactamente lo que Aleixandre expresa de modo poético y punzante cuando dice:

> Yo le he visto en las noches más altas, de pronto, asomado a unas barandas misteriosas, cuando la luna correspondía con él y le plateaba su rostro; y he sentido que sus brazos se apoyaban en el aire, pero que sus pies se hundían en el tiempo, en los siglos, en la raíz remotísima de la tierra hispánica, hasta no sé donde, en busca de esta sabiduría profunda que llameaba en sus ojos, que quemaba en sus labios, que encendecía su ceño de inspirado. No, no era un niño entonces. ¡Qué viejo, qué viejo, qué «antiguo», qué fabuloso y mítico! Que no parezca irreverencia: sólo algún viejo «cantaor» de flamenco, sólo alguna vieja «bailaora», hechos ya estatuas de piedra, podrían serle comparados. Sólo una remota mon-

[40] Salinas, *Ensayos de literatura hispánica*, pag. 395.
[41] «Lorca and the Poetry of Death», *The Hopkins Review*, V, núm. 1, página 12.

taña andaluza sin edad, entrevista en un fondo nocturno, podría entonces hermanársele.

... ...

En las altas horas de la noche, discurriendo por la ciudad, o en una tabernita (como él decía), casa de comidas, con algún amigo suyo, entre sombras humanas, Federico volvía de la alegría, como de un remoto país, a esta dura realidad de la tierra visible y del dolor visible. El poeta es el ser que acaso carece de límites corporales. Su silencio repentino y largo tenía algo de silencio de río, y en la alta hora, oscuro como un río ancho, se le sentía fluir, fluir, pasándole por su cuerpo y su alma sangres, remembranzas, dolor, latidos de otros corazones y otros seres que eran él mismo en aquel instante, como el río es todas las aguas que le dan cuerpo pero no límite (II, ix-xi).

El que mejor ha documentado cierta parte de este *fenómeno* es el ya mencionado historiador de religiones arcaicas, Ángel Álvarez de Miranda, que en su estudio altamente significativo entronca directamente la visión artística de Lorca con lo que llama «la religiosidad naturalística», esto es, «un tipo de religiosidad, basada en sacralidades naturalísticas fundadas muy especialmente sobre la sacralidad de la vida orgánica»[42]. Empleando estudios de Van der Leeuw, Frazer y Eliade, entre otros, Álvarez de Miranda analiza y compara las intuiciones poéticas con las creencias arcaicas sobre todo en cuanto a los temas de feminidad, fecundidad, sangre y muerte, y la relación de cada uno de ellos con la luna. Tras una extensa documentación concluye:

> Lo que llamamos «poesía» de un poeta contemporáneo, García Lorca, ha sido capaz de coincidir en todo lo esencial con los temas, motivos y mitos de antiguas religiones. Esa coincidencia se debe a que ambos fenómenos, el poético y el religioso, brotan de un mismo coherente sistema de intuiciones sobre la sacralidad de la vida orgánica[43].

---

[42] Álvarez de Miranda, págs. 11, 12.
[43] *Ibíd.*, pág. 12.

¿Cómo habría sido Lorca capaz de tal coincidencia si no hubiese allí algo que interpretar? Es imposible, dado el estudio de Álvarez de Miranda, pensar que esas coincidencias sean casualidades o accidentes. Lorca no inventa: interpreta algo que él podía palpar. Así lo explica Álvarez de Miranda:

> Para la mentalidad primitiva y arcaica todos los trances de la vida están dotados de sacralidad. Esos trances son, en último análisis, tres: vivir, engendrar y morir. Están íntimamente compenetrados entre sí y hallan su expresión en el sentido misterioso de la sangre (vida), el sentido misterioso de la muerte y el sentido misterioso de la fecundidad.
>
> Sangre, muerte, fecundidad: tres palabras que, ya con su enunciación, parecen resumir de algún modo la obra de García Lorca. Pero esta es una afirmación demasiado general: no cabe contestarse con vagas aproximaciones: lo que importa es ver cómo esos tres temas son basilares en la poética de Lorca, y, sobre todo, cómo son sentidos «religiosamente» por él y qué transmundo de asombrosas intuiciones numinosas contienen[44].

Lo que ha proporcionado dificultades para la crítica literaria ha sido para el historiador de la religión una interpretación de fenómenos existentes. De ahí lo más interesante de su estudio: no se trata de un sistema de intuiciones inventadas por el artista, y analizadas y reestructuradas por el crítico literario; se trata de cotejar o parangonar la obra lorquiana y las creencias comunes de la religión arcaica. No pretendemos que el estudio de Álvarez de Miranda sea la resolución del problema: resultaría ingenua tal postura. Pero es, sin duda, uno de los ensayos, en los dos sentidos de la palabra, más sugestivos que existen sobre Lorca.

Su cotejo manifiesta plenamente que la intuición artística lorquiana no está sujeta a «normas modernas» y que responde directamente a imágenes, intuiciones y modos de saber que se revelan en mitos antiguos, de modo que ciertos fenómenos u objetos que se han visto como símbolos literarios cobran un nuevo valor: *cuchillo, cuerno, toro, seno, sangre, luna*

---

[44] *Ibíd.*, pág. 13.

y *agua*, entre otros muchos. Son símbolos dentro de una coherencia telúrica o mítica, pero esta coherencia no existe porque el artista la haya fantaseado, sino porque a través de la expresión artística ha podido participar en ella. Finalmente, Álvarez de Miranda observa que la celebración de estos elementos míticos en la escena tiene la misma función en la obra de Lorca que en las religiones antiguas: el mito al escenificarse se hace *rito* y el teatro viene a ser un acto de celebración ritual, «una acción potente, hierática y sacral»[45].

Y ahora cabe preguntar, ¿*cuchillo, cuerno, toro, sangre, agua,* no tienen ya de por sí un significado muy especial en Andalucía? ¿No forma parte íntegra lo que ha encontrado Álvarez de Miranda de lo que hemos intentado describir como *fenómeno andaluz?*

Marcelle Auclair, reuniendo varias fuentes, documenta los lugares reales que inspiran *Bodas de sangre, Yerma* y *La casa de Bernarda Alba.* Son: Níjar, de la provincia de Almería; Moclín, provincia de Granada, unos kilómetros al norte del pueblo natal de Lorca, y Asquerosa, ahora Valderrubio, pueblo lindando con Fuentevaqueros, donde la familia García Lorca tenía propiedades. En Níjar ocurrió algo muy parecido al argumento de *Bodas de sangre;* en Moclín hay una romería famosa en la que basa Lorca la romería de *Yerma;* en Asquerosa vivía una extraña familia, Frasquita o Francisca Alba y sus hijas[46]. Ni el argumento de *Bodas de sangre,* ni la romería de *Yerma,* ni la familia Alba se inventan, más bien se emplean. Recordemos sus palabras respecto a *Bodas de sangre* y *Yerma,* que se aplican también a *La casa de Bernarda Alba:* «De la realidad son fruto... Reales son sus figuras...»; (II, 984). Níjar, Moclín, Asquerosa: un tríptico andaluz. Si los tres actos de *Doña Rosita* componen un tríptico granadino *en el tiempo,* estas tres obras vienen a componer un tríptico andaluz fuera de

[45] *Ibíd.,* pág. 50.
[46] Auclair, págs. 265-266, 281-282, 293-294. Para información más completa, véase Claude Couffon, *Granada y García Lorca,* Buenos Aires, editorial Losada, 1967, págs. 32-33. Laffranque, *Federico García Lorca,* París, éditions Seghers, 1966, pág. 176, menciona la romería de la que también habla Cipriano Rivas Cherif. «La muerte y la pasión de García Lorca», *Excelsior,* México, D.F., 6 de enero de 1957.

él. Son tres pueblos sin tiempo, tres pueblos andaluces que tienen mucho en común. Pero solamente dos de ellos existen en obras elaboradas conscientemente como tragedias: tríptico sí, trilogía no.

Creemos que el sociólogo inglés, Julian Pitt-Rivers, que ha estudiado profundamente las estructuras sociales y las costumbres del pueblo andaluz —basándose en un estudio que llevó a cabo durante tres años en Grazalema, pueblo cerca de Ronda, antes de 1954—, tiene razón cuando afirma que el *pueblo* andaluz se parece más a la *polis* griega que a cualquier concepto inglés de comunidad, y también cuando afirma que el concepto de *pueblo* puede recordar a Sófocles porque connota todo un tejido de relaciones humanas que llegan a ser el concepto básico de toda conducta social. La aceptación de valores comunes, la sanción aceptada por todos de la crítica pública, la misma fuerza de la opinión pública como una sola voz fuerte, son características, según el sociólogo, de la tribu primitiva que acepta como ley la costumbre[47]. Muestra en su interesantísimo estudio cómo este pueblo, a pesar de cambios radicales en la sociedad española, apenas se ha alterado en el período de 1752 a 1952[48]. Documenta entre otras cosas cómo los conceptos de *vergüenza* (y su falta), *el qué dirán* y *el vicio;* costumbres como el uso de *apodos, cencerradas* y *vitos;* creencias en *sabias, alcahuetas* y *curanderas* vienen a sustituir la creencia en la «infraestructura»[49], es decir, que las creencias del pueblo constituyen un sistema de autogobernación independiente del sistema nacional y a veces en conflicto con el mismo. El estudio interesa por varias razones. Constituye una documentación y explicación sociológica parcial del *fenómeno andaluz,* del cual muchos elementos aparecen en estas tres obras. Es decir, que pertenecen a la reali-

[47] Julian A. Pitt-Rivers, *The People of the Sierra,* Chicago, The University of Chicago Press, 2.ª ed., 1971, págs. 30-31. Fernández Suárez afirma algo parecido al hablar de Andalucía como «una forma de sentir la vida y de vivirla, una actitud formada por la superposición de culturas modernas a otras muy antiguas, las viejas civilizaciones del Mediterráneo» (pág. 218).

[48] *Ibíd.,* págs. 211-223.

[49] *Ibíd.,* págs. 160-210.

dad y no a una visión folklórica de las costumbres andaluzas, estilo Fernán Caballero. Es también interesante porque esboza una estrecha relación entre el pueblo andaluz y aquella civilización primaria que por razones religiosas creó lo que llamamos *tragedia*.

Uno de los problemas respecto de la consideración de la tragedia en nuestro siglo ha sido la creencia en la imposibilidad de una tragedia *moderna* porque nuestra época tecnológica se considera demasiado científica y escéptica para una comprensión de ella. Ha existido cierta tendencia a reescribir las tragedias clásicas, como la *Antígona* de Anouilh, pero, en general, ha habido dudas en cuanto a la posibilidad de una verdadera tragedia moderna. En cambio, ciertos escritores de lengua inglesa como Blake, Yeats, Joyce o Eliot, han sido calificados por la crítica como escritores «mitopoéticos», es decir, que hacen mitos conscientemente, o emplean marcos míticos para lograr un «efecto» mítico. La existencia de «mitopoesía» puede sugerir que la tragedia moderna no existe por carencia de la sustancia trágica excepto en un sentido «mitopoético». Cabe preguntar si la distinción entre lo mítico o trágico y lo «mitopoético» no será la diferencia entre la cultura de Sófocles y la de Eliot en la que el mito o la tragedia han llegado a ser temas literarios.

Ahora bien, Lorca decía que con *Bodas de sangre* y con *Yerma* había vuelto a la tragedia, y de *Yerma* afirma haber hecho algo completamente nuevo dentro del género antiguo. ¿Estas tragedias son «mitopoéticas», o es que Lorca ha querido volver a producir *katharsis,* esa purificación de la que habla Aristóteles que corresponde, según Joseph Campbell y Gilbert Murray, a *katharsis* de tipo anterior, a rito, cuya función celebra la purificación de la comunidad a través del sacrificio del dios-toro dionisíaco cuya muerte une el espectador de la representación mística al principio de una vida continua?[50].

---

[50] Joseph Campbell, *The Hero with a Thousand Faces,* Nueva York, Meridian Books, 1956, pág. 26. Campbell cita a Murray —autoridad en la tragedia griega— y explica su teoría en su magnífico estudio sobre la naturaleza del héroe mítico.

Cuando Lorca habla de tragedia de la tierra, y cuando consideramos ésta pensando en el *fenómeno andaluz,* tanto en términos míticos como en posibles coincidencias sociológicas, y cuando recordamos que Lorca, para hablar del toreo, habla de «la liturgia de los toros, auténtico drama religioso donde, de la misma manera que en la *misa,* se *adora* y se *sacrifica* a un *Dios* (II, 1077), cuando tenemos todo ello presente, ¿podemos negar, queramos o no que Lorca estuvo expresando una visión de una realidad que entronca con el antiguo mundo griego? ¿Por qué dice que el duende salta «de los misteriosos griegos a las bailarinas de Cádiz o al dionisíaco grito degollado de la siguiriya de Silverio» (I, 1068), si no fue consciente de esa visión? Al final casi del ensayo sobre el duende afirma:

> Cada arte tiene, como es natural, un duende de modo y forma distinta, pero todos unen raíces en un punto de donde manan los sonidos negros de Manuel Torre, materia última y fondo común incontrolable y estremecido de leño, son, tela y vocablo (I, 1079).

No podemos contestar del todo la pregunta. Es evidente que Lorca era consciente de ello. Pero, ¿esa conciencia implica «mitopoesía» o simplemente conciencia? ¿Es tema o materia misma? Nos inclinamos a creer que tanto tema como materia. Lo que empieza a esclarecerse es que ese *fenómeno andaluz* era algo que Lorca comprendió perfectamente y que empleó conscientemente. Además, creyó que con ello podía hacer algo nuevo dentro del género antiguo de la tragedia. Lorca no habrá creído «mitopoetizar», sin embargo no hubiese logrado otra cosa *teatralmente* a menos que el público percibiese algo de ello. Desde nuestro punto de vista de crítica literaria podemos afirmar que logró exactamente lo que pretendió de manera escalofriante y original. De todas formas habrá que seguir preguntando si lo logró —y si puede lograrse— dentro del teatro. ¿Lo logró la *Yerma* de Nuria Espert? Cada representación y cada público tienen la contestación.

Comentemos ahora algunos aspectos de *Bodas de sangre* y de *Yerma.* Conviene destacar para su clasificación ciertos elementos que pertenecen al género trágico que no aparecerán en *La casa de Bernarda Alba*. En los dos primeros actos de *Bodas de sangre* hay una escenificación de cierta realidad andaluza que Lorca emplea a propósito para crear un «ambiente» trágico. La insistencia en el cuchillo, de especial significado, y su celebración como instrumento de sacrificio, empieza desde el primer cuadro. La «nana del caballo» sugiere desde el segundo lo que va a pasar; que Lorca trató con estos versos de lograr un efecto de ironía trágica, dejando saber al público lo que iba a pasar es indudable:

> Las patas heridas
> las crines heladas,
> dentro de los ojos
> un puñal de plata.
> Bajaban al río.
> ¡Ay, cómo bajaban!
> La sangre corría
> más fuerte que el agua (II, 530).

La cueva de la novia, inspirada en las cuevas de Purullena, según Marcelle Auclair[51], pero que existen también en Almería, es altamente sugestiva y nos sitúa de lleno en lo más primitivo y telúrico de la sociedad andaluza. El hecho de que este tipo de cueva existe como parte de la realidad andaluza es un ejemplo espléndido de cómo Lorca emplea un detalle de la realidad para lograr un efecto teatral nada realista; el detalle, tan verídico como telúrico, es una supervivencia que raya con lo prehistórico.

Los augurios constantes en el diálogo, que contrastan con el epitalamio, aumentan la tensión, hacen crecer la ironía trágica y nos preparan para la huida al final del segundo acto. Pero de repente, en el tercer acto dejamos atrás al mundo de «personas» y entramos en un mundo de personificaciones de fuerzas sobrenaturales y telúricas: leñadores, la luna y la

---

[51] Auclair, pág. 274. Véase también, para una descripción de esas cuevas en los años veinte, Gerald Brenan *South from Granada*, Middlesex, Penguin Books, 1963, págs. 192-195. En castellano, *Al sur de Granada*, Madrid, Siglo Veintiuno Editores, 1974, págs. 197-200.

mendiga que no figura en el reparto. También dejamos el mundo de la prosa para entrar en un mundo simbólico que se expresa casi enteramente en verso, verso porque, como decía al respecto Lorca, «la disposición y el frenesí del tema lo exigen» (II, 910), sobre todo cuando «intervienen la Luna y la Muerte, como elementos y símbolos de fatalidad» (II, 911), esa fatalidad que emana de la tierra misma, como dice Leonardo:

> Que yo no tengo la culpa
> que la culpa es de la tierra
> y de ese olor que te sale
> de los pechos y las trenzas (II, 601).

Los amantes huidos, marcados por el destino lunar como un Romeo y una Julieta telúricos, son víctimas trágicas de un sino que no entienden. Leonardo dice:

> Clavos de luna nos funden
> mi cintura y tus caderas.

Y ella contesta:

> Y que me lloren las hojas
> mujer perdida y doncella (II, 603).

Al huir los amantes aparecen la Luna y después la Mendiga. La muerte física —la de dos hombres por dos cuchillos— es, como en el teatro griego, obscena en el sentido etimológico, pero su celebración es apoteósica. Álvarez de Miranda lo explica así:

> En toda la mitología, sugeríamos antes, y en toda religión, el mito reclama al rito, lo supone y lo exige, lo aclara y se encarna en él. Pues bien, García Lorca ha llegado a encarnar el mito luna-muerte, dándole una expresión dramática de carácter ritual. En el tercer acto de *Bodas de sangre,* en la noche misteriosa del bosque donde se refugian los trágicos amantes, sale la luna, pero esta luna no es el sólito recurso luminotécnico de la escenografía teatral, sino un personaje mítico. La luna, un ser que habla y se mueve, que ostenta su ha-

cha fatídica de disfrazado de leñador que viene a cortar vidas humanas. En esta encarnación plástica, la Luna es ayudada por otro personaje, la Muerte, que actúa como diácono de la Luna. Ambos constituyen una única realidad sobrenatural encarnada en dos figuras plásticas: detrás de la Luna, como ministro suyo, está la Muerte, y si la luna se ha hecho carne, ha sido trayéndose consigo a la muerte encarnada. Nótese esto: el poeta nos hace ver a las dos víctimas de la luna que van a morir pronto. El uno a manos del otro, pero haciéndonos saber cómo en realidad son los dos quienes mueren a manos de la Luna: de la Luna, que los ha elegido de antemano, que para eso está allí, que declara ella misma el objeto de su venida, que escucha indiferente las súplicas del coro de leñadores invocando clemencia para las víctimas... Mas los protagonistas del morir no son los pobres seres que mueren sino la luna que les trae la muerte. El poeta nos hace sentir esta «verdad» con una evidencia sobrecogedora, con una plasticidad que deja ya de ser dramática para ser ceremonial: La Luna, el gran oficiante, siempre seguida de su diácono que es la Muerte, entra «muy despacio» en la escena vacía. Entonces, súbitamente, al fondo «se oyen dos largos gritos desgarrados»: ya está la muerte aquí: entonces «la luna se detiene. El telón baja en medio de un silencio absoluto».

No es posible representar de manera más viva el mito de la luna como divinidad de la muerte. El poeta ha organizado hasta el último detalle de esta encarnación ritual del mito, de esta sacra representación. El mito luna-muerte es ya algo más que mito, se ha «celebrado», es «sacramentum», se nos ha hecho patente no sólo ante la mente, sino ante los ojos de la carne por medio de una mística acción potente, hierática y sacral. Es, en una palabra, rito, que siempre y en toda religión se define precisamente así, como una acción potente, hierática y sacral[52].

Bodas de sangre, entendido así, no es sólo una tragedia, sino una tragedia de la tierra andaluza que se asoma a los albores de la tragedia misma[53].

---

[52] Álvarez de Miranda, págs. 48-50.
[53] Entre los críticos que han estudiado *Bodas de sangre* como tragedia debemos citar a: Fernando Cuadra Pinto, «Para un análisis de *Bodas de sangre*», *Revista Siglos de Valparaíso,* 3, i-ii (1969), págs. 97-116; Charles Lloyd Halliburton, «García Lorca, The Tragedian: an Aristotelian Analysis of *Bodas de*

Si *Bodas de sangre* tiene muchos elementos del sacrificio original del que brotó el género, *Yerma* representa un avance —otra etapa en la experimentación con la tragedia— que corresponde a la tragedia de los maestros griegos. Lorca parece expresar conciencia del paso porque habló de cuatro personajes y un coro, de la falta de argumento que sería reemplazado por el tema, la pura obsesión y lucha contra el destino: «una tragedia pura y simplemente» (II, 998).

En *Bodas de sangre* las representaciones personificadas andan por las tablas; las mismas fuerzas sobrenaturales son personajes centrales de la obra. En *Yerma* han desaparecido; la luna y la muerte han cedido paso a elementos de la tragedia clásica: el coro de las lavanderas y el coro de la romería. El epitalamio y el rito de sacrificio dan lugar al vestigio del ditirambo dionisíaco en la danza fálica del macho con su cuerno. Pero para ellos no ha tenido que inventar nada: otra vez se sitúan en la realidad andaluza. Las lavanderas representan la voz del pueblo tal y como la han representado muchas veces en pueblos de tradición oral, y la romería y su danza de fecundidad se inspiran en la romería famosa que se celebra el 5 de octubre en honor del Cristo del Paño, cuyo santuario se encuentra en el recinto del castillo árabe de Moclín. Lo describe Marcelle Auclair:

> ... la peregrinación a Moclín, a donde van, a pie, en burro o en carricoche, y en nuestros días en auto, cada mes de octubre, todas las «yermas» de la provincia de Granada...
>
> Paisaje suntuoso el de Moclín: montañas y precipicios de un desorden de juicio final... La peregrinación es una fiesta enorme con todo lo que añade el cocinar al aire libre, el alcohol y el agua fresca, las atracciones de la feria, el incesante rasgueo de las guitarras y la obsesión de las castañuelas. Sobre todo ello, el pulular de los mendigos.
>
> A Federico le gustaba saciarse de truculencias populares; reía a carcajadas cuando los grupos de gañanes lo acogían a

---

sangre», *Revista de Estudios Hispánicos,* vol. 2 (1968), págs. 35-40; Luis González-del-Valle, «Justicia poética en *Bodas de sangre», Romance Notes,* núm. 14 (1972), págs. 236-241; Allison E. Peers, «Aspects of the Art of García Lorca», *Bulletin of Spanish Studies,* vol. XXI, núm. 81, Liverpool (1944), págs. 17-22.

él y a sus amigos con el grito tradicional de «¡Cabrones!». Peregrinación extraña de lujuria y estupro, en la que no se atreven a sacar en procesión a la imagen de Cristo «para que no vea ciertas cosas...».

Federico pretendía que la imagen cubría un cuadro pagano. «Mirándola bien —decía— se puede advertir, bajo la capa fina que la cubre, las pezuñas y el vello enmarañado de un fauno...»[54].

Aunque en este relato de Marcelle Auclair pudiera haber algo de «regodeo», no dudamos de la existencia de muchas costumbres paganas que han sobrevivido de alguna manera hasta el siglo XX. En la Alpujarra, para citar un ejemplo, según Brenan, la conversión al cristianismo fue nominal y los alpujarreños «continuaban ofreciendo los viejos sacrificios ibéricos a las fuentes, árboles y cuevas, y seguían bailando en lugares abiertos las noches del solsticio de verano de luna llena»[55]. A lo largo de su libro, *Al sur de Granada*, Brenan —que vivió en Yegen varios años entre 1920 y 1934— documenta costumbres y creencias «paganas». Opina que la repoblación de la Alpujarra fue a base de inmigrantes no mucho más cristianizados: «a todos los efectos eran paganos todavía», y observa que en la época de Santa Teresa «había aldeas a unos ochenta kilómetros de Ávila, donde nadie había oído hablar nunca de Cristo o de Dios. En algunos valles de la sierra de Gata, cerca de Salamanca, esto ha seguido sucediendo hasta nuestro siglo»[56]. Sea cual fuera lo que pasó en aquellos años por Moclín, existe una riquísima gama de contextos que Lorca pudiera haber empleado sin estar inventando en absoluto. «Durante diez años he penetrado en el folklore, pero con sentido de poeta» (II, 94), dijo en Buenos Aires. Es ese sentido de poeta que transforma la romería y la convierte en materia mítica y trágica con una intuición perfecta. Así lo explica Álvarez de Miranda:

[54] Auclair, págs. 281-282.
[55] Brenan, pág. 214, en castellano, pág. 221. Véase también Fernández Suárez, págs. 74-76. Cree que hay muchas supervivencias paganas porque «cuando la cultura cristiana tomó posesión de los pueblos peninsulares no abolió ciertas *fijaciones* primitivas» (pág. 75). Habla de «la persistencia formal y tenacísima de fijaciones muy remotas» (pág. 76) sobre todo en Andalucía.
[56] *Ibíd.*, pág. 219, en castellano, pág. 227.

... en el último acto de *Yerma,* por entre el coro de las mujeres estériles circula la danza desenfrenada del Macho y de la Hembra, aquél agitando un cuerno de toro con el que acosa a ésta, fascinada, como las otras, por los prestigios del claro símbolo fálico. En toda antigua religión el mito se da la mano con el rito. Ambos se complementan, se explican mutuamente. Son dos expresiones paralelas —imaginativa la una, operativa la otra— de una idéntica experiencia sacral. Dócil al sentido de los temas míticos que maneja, arrastrado por ellos, el poeta ha adivinado también su traducción al rito[57].

Luego relaciona este fenómeno fálico con el símbolo religioso más importante de la religiosidad arcaica, símbolo que es, a la vez, el más difícilmente polivalente e importante en la obra lorquiana: la luna. Dice:

Pues bien, eligiendo el cuerno de toro, el poeta ha sabido conectarse con el símbolo más coherente, tanto con la religiosidad arcaica cuanto con su propia serie de intuiciones acerca de la luna y la fecundidad: ya desde el neolítico los cuernos de bóvido..., en todas partes donde aparecen se hallan en conexión con la fecundidad. Ahora bien, el cuerno no es otra cosa que un símbolo lunar, una imagen de la nueva luna, como ha demostrado hasta la saciedad el más concienzudo estudioso del simbolismo lunar... Luna, fecundidad y bóvido ostentan, pues, la misma coherente vinculación en estratos antiquísimos de la mentalidad humana y en la intuición del poeta modernísimo. Y el poeta, una vez más, no sólo ha expresado el mito con palabras, sino con esa «celebración» del mito que se manifiesta potente e hierática a través del rito[58].

Si *Bodas de sangre* parece un rito trágico que celebra un mito del sacrificio, *Yerma* parece un rito trágico que celebra la fecundidad: la tragedia de Yerma es su esterilidad, tema que se escenifica dentro de los cánones de la tragedia clásica, sin tener que salir del ambiente —de la tierra— que mejor conoce el poeta[59]. Lo regional es, cuanto más específico, cuanto más

---

[57] Álvarez de Miranda, pág. 19.
[58] *Ibíd.,* págs. 62-63. Fernández Suárez, citando a Estrabón sobre los pueblos celtíberos, habla de la adoración de la luna (pág. 75).
[59] Entre los críticos que han estudiado *Yerma* como tragedia, debemos citar a: Calvin Cannon, «*Yerma* as Tragedy», *Symposium* (1962), págs. 85-93, y

una escenificación del *fenómeno andaluz,* más trascendente y más universal. Las dos tragedias andaluzas representan una supervivencia de un modo de vivir más natural y menos racional que el del siglo XX que vivimos. En ellas hay, evidentemente, residuos de los umbrales de la civilización andaluza, cuya formación y cuya síntesis entendemos cada día más claramente como únicas en Europa[60]. Estas tragedias andaluzas constituyen su mejor legado.

IV. «LA CASA DE BERNARDA ALBA»: UN DRAMA ANDALUZ

La clasificación de *La casa de Bernarda Alba* ya no será difícil. Entendiendo la trayectoria teatral de Lorca, podemos entender lo que representa esta obra que no consideramos tragedia. Volvamos a la figura del árbol que Francisco García

---

Gustavo Correa, *«Yerma.* Estudios estilísticos», *Revista de las Indias,* Bogotá (1949), vol. XXXV, núm. 109, págs. 11-63.

[60] Véase, por ejemplo, Juan de Mata Carriazo, *Tartessos y El Carambolo,* Madrid, Patronato Nacional de Museos, ASTYGI, 1973. Esta aseveración empieza a tomar cuerpo en el llamado «Bronce de Carriazo», que parece ser pieza tartésica que celebra la «Gran Madre, Astarté» (pág. 677). De ser así, no es tan difícil creer en la existencia —no mera coincidencia— y posible supervivencia de algunos elementos de todo lo que postula tan sugestivamente Álvarez de Miranda. Véase también Juan Maluquer de Motes, *Tartessos,* Barcelona, Destino, 1970. En un estudio completo, una historia de la «ciudad sin historia» concluye que Tartessos, en cuyo mercado confluyeron regularmente «fenicios..., chipriotas, cretenses y aun los griegos» (pág. 65), es en realidad resultado de «un proceso occidental milenario, en el que cristalizan los elementos más diversos, continentales indígenas y mediterráneos, abierto y receptivo a cuantas novedades o aportaciones técnicas o espirituales les alcancen. Su incorporación a las corrientes orientalizantes que invaden el Mediterráneo no es fundamental en su proceso, sino mero episodio que le ofrece un marco adecuadísimo a sus posibilidades. Ni siquiera el silencio de las fuentes, fruto de las circunstancias históricas, cerrará un proceso que creó la primera gran civilización del Occidente» (págs. 165-166). Todo esto no se había probado, claro, en la época de Lorca, pero era un tópico bien conocido y además empleado en su ensayo más importante: Argantonio y Gerión no son meras alusiones, sino que son símbolos de pervivencia y hondura de las que Lorca está perfectamente consciente, aunque todavía no se había probado su existencia. Ahora Maluquer parece haber probado la existencia de Argantonio y la probabilidad de que el mito de Gerión encubriese alguna verdad histórica. (Véanse págs. 37-58, sobre la monarquía tartésica.)

Lorca empleaba para caracterizar a la obra de Lorca y recordemos también su afirmación de que ese árbol se iría podando de sus ramas líricas.

Pues bien, *La casa de Bernarda Alba* es la culminación de ese proceso. Ya hemos visto cómo los personajes sobrenaturales como la Luna y la Muerte desaparecieron después de *Bodas de sangre*. En *Yerma* aparecen coros y una danza simbólica, pero nada más. Las dos obras se conciben como tragedias y las dos tienen, como hemos demostrado, muchos elementos trágicos conscientes, sobre todo un sentido ritual. Ahora bien, en *La casa de Bernarda Alba* no hay personajes sobrenaturales, no hay coros que subrayen la acción, no hay danzas simbólicas ni romerías y no hay nada ritual. No hay tampoco, menos en dos canciones muy fragmentarias, *un solo verso*. No queda ningún elemento de tragedia griega ni de diálogo versificado: por eso Lorca subtitula la obra drama en vez de tragedia.

Hay una cita de Manuel Altolaguirre que apareció en *Hora de España*, en 1937, que comprueba esta depuración:

> «... Federico comentaba: 'He suprimido muchas cosas en esta tragedia, muchas canciones fáciles, muchos romancillos y letrillas. Quiero que mi obra teatral tenga severidad y sencillez'»[1].

A pesar de la palabra *tragedia* —y hay que tener en cuenta que Altolaguirre está recordando o reconstruyendo las frases en las que sería muy fácil cambiar una palabra sin intención— pensamos que esta cita es una descripción de la intención lorquiana de dejar fuera de la obra lo que había empleado en las obras anteriores. Es, pues, una descripción de la intención de cambiar de técnica y de género.

Hay otra referencia importante en el artículo de Altolaguirre:

> Cuando estrenó con clamoroso éxito sus *Bodas de sangre* veíamos en él al nuevo Lope de Vega del Teatro Español. En su

[1] Manuel Altolaguirre, *Hora de España*, núm. 14 (septiembre de 1937), páginas 36. Republicado en *Hora de España*. Antología. Selección de Francisco Caudet, Madrid, Turner, 1975, págs. 233-241.

Zapatera sentíamos a Molière que revivía. En *Yerma*, Séneca y García Lorca se encontraron. Pensaba escribir una tragedia y me contaba el argumento...[2].

Y aquí cuenta el argumento de lo que debía ser, según Lorca, «*La hermosa*, otra tragedia de amor» (II, 966), o según Marie Laffranque, *La bestia hermosa*[3], argumento que también conoce Nadal[4], y que comenta detalladamente Morla Lynch, calificándolo ya en 1931 de «un suceso extraño ocurrido en algún poblado y que le tiene obsesionado»[5]. La obra trata de un muchacho que tiene una obsesión con su jaca, a la que mata el padre del muchacho, acto que desespera al joven, quien a su vez mata a su padre con un hacha. Observa —y esto es lo importante— Altolaguirre:

> Nunca escribió esa obra, pero cito este tema para demostrar que su fantasía le llevaba más allá de lo humano, por encima de su conciencia, a los mitos más incomprensibles, como un Esquilo de nuestro tiempo[6].

Es imposible saber si Lorca hubiese completado su trilogía trágica con esta obra, pero la cita de Altolaguirre no deja de ser sugestiva. Sobre todo por su aspecto posiblemente mítico y la referencia a Esquilo. De todas maneras, creemos que queda claro que *La casa de Bernarda Alba* no tiene nada que ver con una trilogía trágica que completaría el ciclo empezado con *Bodas de sangre* y *Yerma*.

Ahora bien, no negamos en absoluto que *La casa de Bernarda Alba* tenga mucho en común con las obras anteriores. Pero en un teatro tan conscientemente estilizado y tan propiamente definido en cada pieza, resulta muy problemático por cuantos elementos que tengan en común, ver *La casa de Bernarda Alba*, que Lorca llama inequívocamente *drama*,

---

[2] *Ibíd.*
[3] Laffranque, pág. 176.
[4] Nadal, pág. 229.
[5] Carlos Morla Lynch, *En España con Federico García Lorca (Páginas de un diario íntimo, 1928-1936)*, Madrid, Aguilar, 1959, págs. 90-91.
[6] Altolaguirre, pág. 36.

como una tragedia al estilo de la *tragedia* y el *poema trágico* que representan las otras dos. Quizá lo hubiera sido *La bestia hermosa*, pero no lo es *La casa de Bernarda Alba*. Y si no es tragedia, entonces no completa la trilogía. Ruiz Ramón no cree que la trilogía sea completa, y separa *La casa de Bernarda Alba* de las otras obras. Luego califica *La casa de Bernarda Alba* como «cima y testamento dramáticos de la dramaturgia lorquiana»:

> Final y cima de una trayectoria dramática y abertura a un modo más desnudo, más esencial y más hondo de hacer teatro, esta tragedia, que debió ser la primera del ciclo de plena madurez del dramaturgo, la primera de una más profunda y universal dramaturgia, ha venido a ser la última obra de Lorca, por destino impuesto brutalmente[7].

De acuerdo: por eso decíamos al principio que la obra representa la culminación del teatro lorquiano y al mismo tiempo un «camino nuevo». De acuerdo menos en una cosa: ese «camino nuevo», esa «abertura a un modo más desnudo» significa otro estilo, otro experimento, algo nuevo. Significa haber dejado, de momento por lo menos, la tragedia, para escribir, todavía muy dentro del marco andaluz, pero sin ningún significado mítico, el drama.

Antes citamos a Fergusson. «cada obra de Lorca es, entre otras cosas, una consciente pieza de época»[8]. Opinamos que en vez de «pieza de época», cada obra o cada par de ellas representa un género distinto. Entonces *La casa de Bernarda Alba* viene a ser el primer drama andaluz, es decir drama no como *Doña Rosita*, que sí es «pieza de época», sino drama del campo andaluz. Todo el *fenómeno andaluz* está allí, palpablemente, menos la celebración ritual que implica para Lorca el género de tragedia. Fergusson afirma que *Bernarda Alba* «es una pieza de época lo mismo que las otras; utiliza las convenciones del realismo decimonónico...»[9]. Es un fino

---

[7] Ruiz Ramón, pág. 207.
[8] Fergusson, pág. 183.
[9] *Ibíd.*, pág. 184.

juicio, pero creemos que lo decimonónico que pudiera tener la obra no lo es tanto sino más bien ese sentido del campo —de la tierra— andaluz que puede parecer decimonónico, es decir, no moderno en el sentido del siglo XX, pero que en realidad es esa Andalucía inmóvil, fuera del tiempo, como apuntamos antes. Porque Asquerosa, como Grazalema lo mismo en 1936, en 1836 o en 1736, habría cambiado muy poco[10]. El pueblo de *La casa de Bernarda Alba* —sea cual sea la época de la acción— es la Andalucía de siempre, la misma Andalucía de Moclín y de Níjar, pero sin los elementos trágicos. Por eso puede parecer de época distinta cuando en realidad se trata de género distinto: dos tragedias y un drama que pintan tres pueblos andaluces, pero que no forman —casi por definición— una trilogía. Una trilogía lorquiana compuesta de obras de distinto género resultaría ilógica. Ya hemos demostrado que Lorca estuvo muy consciente del entronque que hacía en las dos tragedias con el sentido griego antiguo de tragedia. También tiene que haber sabido que esas trilogías —obvio paradigma— eran trilogías de tragedias. *La casa de Bernarda Alba* no puede caber allí porque es, y así lo clasificamos, un drama andaluz.

La crítica está muy dividida en cuanto a esta obra. Unos opinan que tiene una intención política, otros que ninguna. Unos creen que la obra es realista, otros poética. Unos ven que representa a todas las mujeres españolas y algunos ven una clara predicción de la guerra civil. Trataremos de desentrañar estos problemas nada claros, al mismo tiempo que intentamos interpretar la obra[11].

La tesis nuestra, que conviene aclarar desde el principio, y que procede de las *constantes* que hemos señalado y de nuestra clasificación, es la siguiente:

La casa de Bernarda Alba es un drama andaluz altamente poético, aunque no emplea versos; es una obra no de intención política, sino de magnífica intención artística; es la escenificación no de la situación general de las mujeres en Es-

---

[10] Véase el estudio de Pitt-Rivers, antes citado, págs. 211-223, acerca de lo poco que había cambiado en doscientos años Grazalema.

[11] Véanse los comentarios en nuestra bibliografía selecta.

paña, sino de una familia extrema andaluza; y, finalmente, es la obra maestra del teatro lorquiano, tanto estilísticamente, la culminación de una técnica cada vez más depurada que resulta en un estilo nuevo, como temáticamente, la expresión más radical del tema lorquiano del conflicto entre el individuo y la sociedad. Es, además su obra teatral más universal.

Calificamos *La casa de Bernarda Alba* como drama andaluz poético. El problema del realismo ha sido complicado por un comentario que hizo Lorca después de una lectura de su nueva obra. En uno de los primeros estudios completos sobre Lorca, Ángel del Río escribe:

> Añade Salazar que Lorca, cada vez que terminaba una escena, exclamaba con entusiasmo: «¡Ni una gota de poesía! ¡Realidad! ¡Realismo!»[12].

El artículo de Salazar, publicado en *Carteles,* en La Habana, es de difícil adquisición, pero todos los críticos posteriores han leído a Del Río, y muchos de ellos se han despistado después al creer esta cita al pie de la letra. ¿Esto será exactamente lo que dijo Lorca? ¿No será otra versión de lo que mencionó Altolaguirre? Morla Lynch, que estuvo presente en una lectura de la obra el 24 de junio de 1936, no menciona nada al respecto[13]. Tampoco Dámaso Alonso, que también la oyó, lo menciona[14]. De todas maneras, dijera lo que dijera Lorca, muchos críticos han querido justificar esta cita y probar ese realismo de la obra que Lorca afirmó tras cada escena, es decir, tras cada acto, puesto que no hay división en escenas.

Si aceptamos la cita, ¿cómo interpretamos ese realismo? En primer lugar, efectivamente no hay «poesía» en la obra si con esto queremos decir *versos*. En cuanto al resto, pensamos

---

[12] Ángel del Río, «Federico García Lorca (1899-1936)», *Revista Hispánica Moderna,* año VI, núms. 3 y 4 (julio y octubre de 1940) pág. 248. Una nota al pie de la página dice que el artículo de Salazar fue publicado en *Carteles,* La Habana, 10 de abril de 1938.

[13] Morla Lynch, págs. 483-487.

[14] Dámaso Alonso, *Poetas españoles contemporáneos,* Madrid, Gredos, 1965, pág. 262.

que Lorca se refiere no a un realismo literal, sino a un realismo relativo. Es decir, que en comparación con *Bodas de sangre* y *Yerma*, la nueva obra no contiene ni elementos líricos ni elementos trágicos. Es, entendido así, la obra más «realista» que escribió, pero hay que entenderlo así, con un sentido completamente relativo de realismo. Lo que quería decir es que la obra estaba depurada y escueta. No hay que olvidar tampoco que se trata de una obra no terminada. Hay después alguna mención de revisión en Granada[15]. Y lo que es más, Lorca no llegó a estrenar la obra, lo cual quiere decir que la cita de Salazar es como una primera impresión sobre la nueva obra. No cabe duda que esta depuración de elementos exteriores es a propósito, pero no por eso hay que creer la cita de Salazar al pie de la letra.

Ya desde el principio de nuestro estudio hemos insistido en el carácter poético de toda la obra de Lorca. *La casa de Bernarda Alba,* aunque no tenga versos, no puede calificarse de realista, no obstante la advertencia del poeta de que «estos tres actos tienen la intención de un documental fotográfico». Como dice Fergusson, «sería un error tomar su realismo demasiado estrictamente: la etiqueta "fotografía", como la "aleluya" en *Don Perlimplín,* indica la profunda conciencia del estilo, que alude a un entero contexto de significación»[16]. Y nosotros añadiríamos a «fotografía» y «aleluya»: los «cuadros» de la *Tragicomedia de Don Cristóbal,* las «estampas» de *Mariana Pineda,* el «cartelón de ciego» de *La zapatera,* los «cuadros» de *Así que pasen cinco años,* los «cuadros» de *Bodas de sangre,* el «poema trágico en tres actos y seis cuadros» de *Yerma,* y el

[15] José Luis Vila-San Juan, *García Lorca, Asesinado: toda la verdad,* Barcelona, Planeta, 1975, pág. 231.

Al decir «no terminada» queremos decir no estrenada, es decir, no llevada a cabo teatralmente. Por otra parte, Luis Rosales niega la existencia del manuscrito en casa de su familia en Granada en ningún momento, lo que viene a contradecir la afirmación de Vila-San Juan. También conviene tener en cuenta lo que afirma José Bergamín: «... supe, por su propio autor, que no estaba enteramente acabada a gusto suyo. Me pidió... que no asistiese a una lectura que hizo entre amigos, porque, me decía, a su juicio no estaba enteramente logrado más que su primer acto y que pensaba... rehacer o modificar los siguientes». *Sábado Gráfico,* 23 de marzo de 1976, pág. 21.

[16] Fergusson, pág. 184.

«poema granadino», «dividido en varios jardines» de *Doña Rosita*. Visto así, «la intención de un documental fotográfico» puede interpretarse como otro medio pictórico conscientemente empleado para lograr un efecto estilizado, igual que las otras obras, todas ellas también poéticas.

No hay color en *La casa de Bernarda Alba*, sólo hay blancos y negros que nos hacen pensar en una imagen del «Llanto por Ignacio Sánchez Mejías»:

¡Oh blanco muro de España!
¡Oh negro toro de pena!

Blanco y negro, una perfecta estilización no realista de Andalucía: muros blancos; vestidos negros; el patio que hay que blanquear después que se marchan los hombres que lo han ensuciado; el vestido verde de Adela que sólo puede teñirse de negro; la blancura que Adela no quiere perder dentro de «estas habitaciones» que también son blancas; el traje negro de moaré de María Josefa y su gargantilla de perlas blancas; las sábanas blancas del ajuar; los ojos negros que, según Angustias, valen menos que una onza en el arca; el nublo negro de la tormenta; el retrato de Pepe —¿no será una foto en blanco y negro?— que Martirio esconde entre sus blancas sábanas y que únicamente así, en blanco y negro, podrá disfrutar; las tres perlas blancas —en vez de diamantes— del anillo de bodas; el caballo garañón blanco, doble de grande en la noche oscurísima (hasta la misma naturaleza se pone de blanco y negro); Adela que sale en enaguas blancas y Martirio en enaguas con un pequeño mantón negro; el blanco pelo de María Josefa, su pelo de nieve: «todos tendremos el cabello blanco y seremos espumas. ¿Por qué aquí no hay espumas? Aquí no hay más que mantos de luto»; Bernarda que aparece también en enaguas con el mantón negro; y luego Adela muerta que vestirán como una doncella y al fin ese mar de luto y silencio negros. Los únicos colores que aparecen en la obra son el abanico de colores de Adela que rechaza su madre como impropio, el vestido verde de la ilusión frustrada también de Adela, la choza de coral en la playa de la que canta María Josefa con intención obvia de significado sexual, y alguna mención de sangre. Todo lo demás es blanco y negro: la celebración de luto y de paredes blancas es más obsesiva aquí que la del cuchillo en *Bodas de sangre*. Fotográfico sí, pero nada menos realista. Andalucía es un mar de colores; ésta es una Andalucía abstracta, esencializada y fotografiada en blanco y negro, blanco muro de Andalucía, negro toro de pena, tan poco representativa de Andalucía en general como la cueva troglodita de la novia de *Bodas de sangre*[17].

«Ni una gota de poesía», dicen que dijo. Pero examinemos el lenguaje de *La casa de Bernarda Alba*. Es prosa sin duda, menos en las dos canciones cortas. Pero la prosa, ¿no decía Lorca, al hablar de *Bodas de sangre*, que «puede expresar altas jerarquías expresivas»? (II, 910). Para que el drama sea poético no hacen falta versos: «El teatro es la poesía que se levanta del libro y se hace humana. Y al hacerse, habla y grita, llora y se desespera» (II, 1015). Efectivamente es así: estos personajes hablan, gritan, lloran y se desesperan, sólo que no lo hacen en versos. «El teatro necesita que los personajes lleven un traje de poesía y al mismo tiempo que se les vean los huesos, la sangre» (II, 1015). Es una descripción perfecta de *La casa de Bernarda Alba*. El traje de poesía que llevan es el negro del luto y no cabe duda de que «se les ven los huesos y la sangre» a cada una de ellas. Pero, además, hablan poéticamente aunque no en versos. Recuérdese también lo que citamos al principio del estudio sobre «versos» y teatro poético (II, 983).

Dámaso Alonso ha dicho que Lorca «se ha apoderado del secreto entrañable, de la forma interna, del idioma», y el profesor y crítico Ildefonso-Manuel Gil emplea la cita para hablar del lenguaje teatral de Lorca:

> No es necesario dar más ejemplos, y menos ir a buscarlos en *La casa de Bernarda Alba*, porque allí saltan a cada momento, siendo base de los méritos principales de esa obra excepcio-

---

[17] Véanse S. M. Greenfield, «Poetry and Stagecraft in *La casa de Bernarda Alba*», *Hispania*, XXXVIII (1955), págs. 456-461, y J. Rubia Barcia, «El realismo 'mágico' de *La casa de Bernarda Alba*», *Revista Hispánica Moderna* (Homenaje a Ángel del Río), volumen XXXI (1965), págs. 385-398, para estudios acerca del significado del blanco y negro.

nal; en ella, el diálogo está perfectamente fundido con la acción, sin que haya en él nada que falte o sobre: cada palabra, cada gesto, lo real y lo simbólico, lo que se deja dicho y lo que se sugiere son carne y hueso de la tragedia.

En estas frases, con estructura de refrán en muchísimos casos, apoyadas en una imagen que añade poesía —y a la vez fuerza dramática— a la connotación directiva y no a expensas de la fidelidad artística al lenguaje popular, sino gracias precisamente a ella, reside gran parte del mérito del teatro de García Lorca[18].

Gil señala así uno de los problemas y aciertos, al mismo tiempo, del lenguaje teatral de Lorca. El lenguaje de *La casa de Bernarda Alba* es el lenguaje andaluz llevado muchas veces a su esencia. El problema reside en el hecho de que el andaluz no emplea frecuentemente un lenguaje «realista», y además se jacta de ello. Es difícil imaginar una sociedad más conscientemente estilizada en el habla que el pueblo andaluz: en refranes y dichos populares, piropos u obscenidades, hasta en el lenguaje más cotidiano, hay una conciencia de estilo difícilmente superable. Y dentro de ello Lorca era un reconocido maestro. Todo esto representa un problema respecto del lenguaje realista, porque si se reproduce *fielmente* el lenguaje andaluz, el resultado no es necesariamente realista. Por eso, lo que tiene un sentido perfecto en español y, sobre todo, en andaluz, presenta enormes dificultades al tratar de traducirlo, por ejemplo, al inglés o al alemán[19]. Este len-

---

[18] Gil, págs. 16, 19.

[19] Ejemplo perfecto de esto es la reacción de la crítica neoyorquina respecto al estreno de *Bodas de sangre*. Decía Lorca: «Las críticas dijeron tonterías; por ejemplo: que no se concebía que la gente rural hablara de aquella manera y otras cosas por el estilo. El crítico de *The Times* era el único que hablaba con soltura, ya que empezaba confesando que no había entendido nada en absoluto, y después añadía que una obra como aquélla nunca podría gustar a un americano ni penetrar en su civilización» (Antonina Rodrigo, página 328, II, 1005, en catalán). Salvador Madariaga en su *De Galdós a Lorca*, Buenos Aires, Editorial Sudamericana, 1960, pág. 219, dice: «hay en Lorca aromas y matices de Andalucía tales que no hay traductor capaz de conservarlos». Sobre la estilización andaluza véase J. Ortega y Gasset, «Teoría de Andalucía», *Obras completas*, tomo VI, Revista de Occidente, 1961, páginas 111-120. Señala el sentido milenario de esta estilización.

guaje andaluz, cuando se emplea con la densidad dramática —cada frase va cargada de sentidos dobles, de sugerencias irónicas y hasta de simbolismo puro— que usa Lorca en *La casa de Bernarda Alba,* no puede ser realista.

En cada acto hay un comienzo realista que se efectúa a base de emplear lenguaje muy natural y cotidiano, pero este lenguaje realista se abandona después para convertirse en lenguaje cargado de valores dramáticos. Lo mismo que en un poema lírico, cada palabra, cada frase, cada parlamento, encerrará un valor superior a sí mismo. Al comienzo de cada acto se puede trazar este cambio que sufre el lenguaje, lento y gradual en el primer acto, más rápido en el segundo, y muy rápido en el tercero, donde el lenguaje realista se abandona casi desde el principio. El lenguaje realista es aquel que no tiene más de un plano, donde las palabras no significan más que lo que dicen. El lenguaje poético, que va aumentándose *in crescendo,* tendrá dobles valores, alusiones a otra cosa, dobles entendimientos y dobles o aún múltiples significados que convierten las palabras en símbolos. Estos símbolos en el lenguaje no son símbolos de valor exterior o universal, como el cuchillo en *Bodas de sangre* o el cuerno en *Yerma.* Son símbolos que existen más bien dentro de la obra y funcionan como símbolos sólo en virtud del lenguaje. Podríamos decir que son símbolos constitutivos porque constituyen una parte integral del tejido del drama. Además, son símbolos que no se expresan en poesía sino en prosa, prosa cuya función es de alto valor poético teatral que va aumentando y acelerando con el pasar de los actos. Los tres actos de la obra son como tres olas, cada una de ellas de mayor tamaño y volumen. Cada una irá creciendo hasta su rompimiento al final de cada acto, y el rompimiento final es un maremoto cuya inundación expresa Bernarda en el último parlamento:

> Nos hundiremos todas en un mar de luto. Ella, la hija menor de Bernarda Alba, ha muerto virgen. ¿Me habéis oído? ¡Silencio, silencio he dicho! ¡Silencio!

La primera escena de La Poncia y la Criada es una escena casi clásica entre criadas para darnos la exposición necesaria.

El lenguaje es sobre todo realista, y contiene detalles muy prosaicos que dan un falso sentido de realismo (subrayado nuestro):

> LA PONCIA.—(Sale *comiendo chorizo y pan.*) Llevan ya más de dos horas de gori-gori. Han venido curas de todos los pueblos. La iglesia está hermosa. En el primer responso se desmayó la Magdalena.
> CRIADA.—Es la que queda más sola.
> LA PONCIA.—Era la única que quería al padre. ¡Ay! ¡Gracias a Dios que estamos solas un poquito! *Yo he venido a comer.*

La Poncia expresa desde un principio un sentido de odio que va a permear la obra. Las frases, una por una, no dan una sensación de falta de realismo porque están insertadas entre otras de cierto realismo, pero si las vemos como un conjunto, nos damos cuenta de cómo, poco a poco, se va cargando el lenguaje:

> ¡Mandona! ¡Dominanta!

> Tirana de todos los que la rodean. Es capaz de sentarse encima de tu corazón y ver cómo te mueres durante un año sin que se le cierre esa sonrisa fría que lleva en su maldita cara.

> Ella la más aseada, ella la más decente, ella la más alta.

> ¡Buen descanso ganó su pobre marido!

> Ella no quiere que la vean en su dominio. ¡Maldita sea!

> ... ¡maldita sea! ¡Mal dolor de clavo le pinche en los ojos!

> ... me encerraré con ella en un cuarto y le estaré escupiendo un año entero. «Bernarda, por esto, por aquello, por lo otro», hasta ponerla como un lagarto machacado por los niños que es lo que es ella y toda su parentela.

Todos estos elementos caben, uno por uno, dentro de lo que sería en Andalucía lenguaje realista, pero su aglomeración empieza a dar una idea, desde la primera escena de cómo funciona ese lenguaje del odio que tan nítidamente ha sabido emplear Lorca.

Muy poco pasa, en sentido de acción o de argumento en la obra. ¿Cuál es el argumento de *La casa de Bernarda Alba*? Nótese el título, no *Bernarda Alba*, ni *Las hijas de Bernarda Alba*, sino *La casa de Bernarda Alba*. El argumento es más bien lo que *no pasa* en esa casa[20], y mucho de lo que pasa afuera —todo lo que envuelve a Pepe— no lo vemos pasar. Todo el dramatismo está en el lenguaje, en lo que se dice y lo que no se dice.

Cuando Bernarda aparece, ya la hemos empezado a odiar por lo que *ha dicho* La Poncia, no por algo que ha hecho ella. Cuando entra y dice su primera palabra —«¡Silencio!»— tenemos una concepción de ella tan cuidadosamente preparada como la que precede a la entrada del Don Juan de Zorrilla o la de don Álvaro.

Después de marcharse las *doscientas* mujeres de luto, empieza a cargarse aún más el lenguaje:

> BERNARDA.—Es así como se tiene que hablar en este pueblo maldito, pueblo sin río, pueblo de pozos, donde siempre se bebe el agua con el miedo de que esté envenenada.

Este símbolo del agua es un buen ejemplo de lo que llamamos símbolo constitutivo. El cuchillo de *Bodas de sangre* tiene un significado dentro de la obra, como obsesión de la Madre, pero también fuera de la obra, como instrumento de sacrificio por excelencia. El cuerno de *Yerma*, como comprueba Álvarez de Miranda, es también un símbolo por excelencia de la luna y de la fertilidad que asegura el símbolo fálico. El agua en *La casa de Bernarda Alba* no es así. El agua, fuera de la obra, como elemento simbólico general tiene mu-

---

[20] El argumento: después de la muerte del segundo marido de Bernarda Alba, Pepe «el Romano» empieza un «tratamiento» para casarse con Angustias, la hija mayor, porque ella ha heredado el dinero de su padre, el primer marido de Bernarda; pero al descubrir una noche que Pepe tiene amores ilícitos con Adela, la hermana menor, Bernarda le dispara con su escopeta, y Adela, creyendo que lo ha matado, se suicida.

chísimas significaciones: vida, muerte, bautismo, sexualidad, parto, materia prima y muchas otras. Pero dentro de la obra el agua es algo que se manifiesta de manera especial, y que no alude específicamente a otro contexto simbólico fuera de ella. Constituye una parte integral y poética de la obra. Veamos cómo se convierte en símbolo constitutivo:

El pueblo es un «pueblo de pozos», de agua que no desemboca, de agua que puede estar envenenada, en un paisaje donde «el sol cae como plomo». La abuela quiere «agua de fregar siquiera, para beber». Bernarda dice que cuando la suelten a María Josefa en el patio, que no le dejen acercarse al pozo, porque desde allí la pueden ver. Al final del primer acto, María Josefa escapa:

(Todas arrastran a la vieja.)
MARÍA JOSEFA.—¡Quiero irme de aquí! ¡Bernarda! ¡A casarme a la orilla del mar, a la orilla del mar!

En el segundo acto Martirio quiere «que llegue noviembre, los días de lluvia, la escarcha, todo lo que no sea este verano interminable». Poco después ocurre este intercambio:

ADELA.—¡La mala lengua no tiene fin para inventar!
BERNARDA.—¡Adela!
MAGDALENA.—Estáis locas.
AMELIA.—Y nos apedreáis con malos pensamientos.
MARTIRIO.—Otros hacen cosas más malas.
ADELA.—Hasta que se pongan en cueros de una vez y se las lleve el río.

Dice la Poncia más tarde que «la sangre no llegará al río». Cuánta ironía sin intención encierra su dicho popular. Prudencia comenta también sin intención: «Yo dejo que corra el agua.» Cuando Adela se levanta de la mesa, después de los primeros golpes contra la pared del garañón, es para «beber agua». Pero Bernarda la hace sentar y manda a una criada que traiga «un jarro de agua fresca». La Poncia dice de Bernarda: «Cuando una no puede con el mar lo más fácil es volver las espaldas para no verlo.» Luego afirma que «hay una tormenta en cada cuarto. El día que estallen nos barrerán a todas».

Entonces añade: «A mí me gustaría cruzar el mar y dejar esta casa de guerra.» De Martirio opina: «Ésa es la peor. Es un pozo de veneno.» Cuando Adela sale otra vez, después de haberse acostado, dice: «Voy a beber agua», y «Me despertó la sed». Sale María Josefa y canta:

> Ovejita, niño mío,
> vámonos a la orilla del mar.
> ... ...
> y en la playa nos meteremos
> en una choza de coral.

Después dice a Martirio: «... seremos como las olas, una y otra y otra... seremos espuma. ¿Por qué aquí no hay espumas?» Adela y Martirio riñen después a causa de Pepe:

> ADELA.—Aquí no hay más remedio. La que tenga que ahogarse que se ahogue. Pepe el Romano es mío. Él me lleva a los juncos de la orilla.

¿De qué orilla, si no hay río en este pueblo de pozos? Martirio dice: «Tengo el corazón lleno de una fuerza tan mala, que sin quererlo yo, a mí misma me ahoga.» Al final cuando Magdalena pregunta a Martirio por qué mintió a Adela —mentira que causa el suicidio— escupe Martirio: «Hubiera volcado un río de sangre sobre su cabeza.» Y, por fin, Bernarda: «Nos hundiremos todas en un mar de luto.»

El agua —agua de beber, agua de fregar, pozo, río, charco, tormenta, orilla de mar, juncos de la orilla, río de sangre, mar de luto—, más que símbolo, es un tejido simbólico, logrado a través del lenguaje poético. Es una combinación poética riquísima que sugiere muchísimo sin referirse a otro contexto que el suyo propio, sin explicarse nunca. Explicable sólo en términos de sí mismo, es un ejemplo magistral del simbolismo dramático más poético, porque constituye parte de la obra misma. Sin la obra no se explica el símbolo; sin el símbolo no se entiende la obra.

Podríamos citar ejemplos sueltos de lenguaje poético también. Adela, por ejemplo, dice:

... por encima de mi madre saltaría para apagarme este fuego que tengo levantado por piernas y boca.

Trae cuatro mil bengalas amarillas y ponlas en las bardas del corral. Nadie podrá evitar que suceda lo que tiene que suceder.

Mirando sus ojos me parece que bebo su sangre lentamente.

A un caballo encabritado soy capaz de poner de rodillas con la fuerza de mi dedo meñique.

Dios me ha debido dejar sola en medio de la oscuridad, porque te veo como si no te hubiera visto nunca.

Él dominará toda esta casa. Ahí fuera está respirando como un león.

Aunque cualquiera de estos ejemplos no constituye aisladamente más que lenguaje figurativo, lenguaje que se puede oír todos los días en Andalucía, todos ellos en su conjunto, en la relación de unos con otros —más importante en el teatro que imágenes sueltas— constituyen un ejemplo poético del lenguaje, de la misma manera que la relación que existe entre otros elementos también constituye un empleo poético. Como dice Fergusson:

> La poesía reside en los personajes y sus relaciones, en la concepción de cada una de las ... escenas, y especialmente en los violentos pero rápidamente resueltos contrastes entre los personajes[21].

A continuación Fergusson cita a Cocteau que había dicho que trataba de lograr una poesía *del* teatro, no una poesía *en* el teatro, y que la verdadera poesía del teatro era cuestión de acción, no de imágenes. No era «un encaje que es imposible de ver a distancia. La poesía del teatro sería el encaje vulgar; un encaje de sogas, un barco en el mar... Las escenas están in-

---

[21] Fergusson, pág. 181. Habla de *Don Perlimplín*, no de *La casa de Bernarda Alba*, pero es más aplicable aún donde no hay versos.

tegradas como las palabras de un poema»[22]. En ese sentido, sobre todo, entendemos que *La casa de Bernarda Alba* no puede ser otra cosa que teatro poético. La integración poética de sus elementos extraídos de la realidad andaluza y estilizados en blanco y negro, no puede dar, como conjunto, una obra realista. El odio extraño de esas mujeres; la locura de María Josefa —única visión de la verdad: «Pepe el Romano es un gigante. Todas lo queréis. Pero él os va a devorar porque vosotras sois granos de trigo. No granos de trigo. ¡Ranas sin lengua!»— una Ofelia vieja y clarividente; la importancia simbólica de Pepe el Romano, el ausente omnipresente que viene «por lo alto de la calle», que es «como un león»; todas las *vignettes* del pueblo que se presentan: Paca la Roseta, que volvía de la bacanal con «el pelo suelto y una corona de flores en la cabeza», ésta una Ofelia sensual, Adelaida y su sino fatal de «incesto», La Poncia que mata todos los colorines de su marido, los segadores alegres que vienen del monte, «árboles quemados», dando voces y trayendo a una ramera que llevan al olivar quince de ellos, el gran gentío que arrastra a la hija de la Librada después que unos perros «como llevados por la mano de Dios» sacaron su niño muerto y lo dejaron en el tranco de su puerta; y sobre todos ellos la figura negra y dominadora de Bernarda: no, no se trata de una obra realista en absoluto. La casa de Bernarda, tapiada «con ladrillos puertas y ventanas», como había pasado en la casa de su padre y la casa de su abuelo, está por encima del realismo[23]. *La casa de Bernarda Alba* es una edificación poética levantada y dedicada al odio y a la represión. Sin embargo, todos sus elementos proceden de esa extraña realidad que hemos llamado el *fenómeno andaluz* que Lorca escenifica magistralmente para crear su drama andaluz poético.

Como entendemos que la obra es altamente poética, nos resulta imposible calificarla de obra política. Los que han tratado de verla como expresión política se suelen basar en al-

---

[22] *Ibíd.*
[23] Rubia Barcia emplea el término «realismo mágico», y Antonio Gallego Morell, prólogo a *Teatro selecto de Federico García Lorca*, Madrid, Escelicer, 1969, pág. 17, se refiere a «realismo idealizado».

gunas declaraciones que Lorca hizo en los últimos años de su vida. Luego aplican estas declaraciones a la obra para probar la supuesta intención política[24]. Citan declaraciones como las que siguen, ya famosas en la crítica:

... en este mundo yo siempre soy y seré partidario de los pobres. Yo siempre seré partidario de los que no tienen nada y hasta la tranquilidad de la nada se les niega. Nosotros —me refiero a los hombres de significación intelectual y educados en el ambiente medio de las clases que podemos llamar acomodadas...— estamos llamados al sacrificio. Aceptémoslo. En el mundo ya no luchan fuerzas humanas, sino telúricas. A mí me ponen en una balanza el resultado de esta lucha: aquí, tu dolor y tu sacrificio, y aquí, la justicia para todos, aun con la angustia del tránsito hacia un futuro que se presiente, pero que se desconoce, y descargo el puño con toda mi fuerza en este último platillo (II, 973).

En nuestra época el poeta ha de abrirse las venas para los demás. Por eso yo... me he entregado a lo dramático, que nos permite un contacto más directo con las masas (II, 978).

Pero hay que trabajar, trabajar. Trabajar y ayudar al que lo merece. Trabajar aunque a veces piense uno que realiza un esfuerzo inútil. Trabajar como una forma de protesta. Porque el impulso de uno sería gritar todos los días al despertar en un mundo lleno de injusticias y miserias de todo orden: ¡Protesto! ¡Protesto! ¡Protesto! (II, 978).

El día que el hambre desaparezca, va a producirse en el mundo la explosión espiritual más grande que jamás conoció la Humanidad. Nunca jamás se podrán figurar los hombres la alegría que estallará el día de la Gran Revolución. ¿Verdad que te estoy hablando en socialista puro? (II, 1017).

Hay que dejar el ramo de azucenas y meterse en el fango hasta la cintura para ayudar a los que buscan las azucenas (II, 1020).

---

[24] El que mejor explica la intención política —aunque no estamos de acuerdo— es Domingo Pérez Minik, *Debates sobre el teatro español contemporáneo*, Santa Cruz de Tenerife, Goya Ediciones, 1953, págs. 249-272. Concluye que con *La casa de Bernarda Alba*, Lorca «anuncia un teatro político esencial y polémico».

Resulta obvio que Lorca tenía una gran conciencia social y que de verdad le preocupaban mucho los problemas sociales. Pero de ahí no se puede concluir que *La casa de Bernarda Alba* sea una obra política. Resulta algo forzado cuando los críticos se ponen a emplear esas declaraciones para enjuiciar la obra artística. Es obvio que creemos importante escuchar al escritor porque lo hemos citado ya muchas veces. Pero lo hemos citado en cuanto a su obra, no en cuanto a su política[25].

Pues bien, vamos a citar un poco más, unas frases que no suelen aparecer en artículos probando que Lorca era un escritor *engagé*:

> El artista debe ser única y exclusivamente eso: artista. Con dar todo lo que tenga dentro de sí como poeta, como pintor, ya hace bastante. Lo contrario es pervertir el arte. Ahí tienes el caso de Alberti, uno de nuestros mejores poetas jóvenes que, ahora, luego de su viaje a Rusia, ha vuelto comunista y ya no hace poesía aunque él lo crea, sino mala literatura de periódico. ¡Qué es eso de artista, de arte, de teatro proletario! El artista y particularmente el poeta, es siempre anarquista en el mejor sentido de la palabra... (II, 917).

Y para que no parezca partidario de un lado u otro, a continuación dice, hablando de Valle-Inclán:

> ... esto es para indignar a cualquiera, ahora se nos ha venido fascista de Italia. Algo así como para arrastrarle de las barbas. ¡Ya tenemos otro Azorín! (II, 918).

Como está clarísimo, Lorca se considera anarquista, es decir, artista, apolítico, por encima de la política. No se indigna con Alberti o con Valle-Inclán por el partido, sino por el hecho de hablar como políticos en vez de artistas.

En otro lugar dijo, hablando de «La Barraca»:

> Después hemos ido al campo y hemos encontrado allí tanta cordialidad y comprensión —quizá más— que en las capita-

---

[25] Véase Vila-San-Juan, págs. 232-234, para una serie de declaraciones sobre el «apoliticismo» de Lorca.

les. Todo esto, a pesar de las imputaciones canallescas de los que han querido ver en nuestro teatro un propósito político. No; nada de política. Teatro y nada más que teatro.

... ... ,... ... ...
... en España casi no existe teatro moderno; las cosas que se representan suelen ser de propaganda y malas... (II, 921).

Cuando se presenta su escenificación de *Fuenteovejuna* en Barcelona, Lorca declara en una entrevista que ha quitado precisamente el drama político para seguir el drama social (II, 1001). En Buenos Aires declara:

> Y no olvidar nunca que el teatro es un arte, un gran arte, un arte que nace con el hombre, que lo lleva en lo más noble de su alma y cuando quiere expresar lo más profundo de su historia y de su ser, lo expresa representando, repitiendo actitudes físicas. El santo sacrificio de la misa es la representación más perfecta que se puede ver todavía.
>
> Desde el teatro más pobre de vodevil, hasta el teatro donde se anima la tragedia, hay que repetir hasta la saciedad la palabra arte (I, 1172).

Su famosa «Charla sobre teatro», que da después de una representación especial de *Yerma*, fue dirigida a profesionales de teatro y luego fue publicada en *Heraldo de Madrid*, el 2 de febrero de 1935. Comienza diciendo que habla no como autor ni poeta ni estudiante, «sino como ardiente apasionado del teatro de acción social». Y ¿en qué consiste su teatro de acción social? Su discurso es imponente, pero no lo podemos reproducir todo aquí. No dice, por supuesto, una palabra sobre política. Todo tiene que ver con la función del arte en el teatro:

> Arte por encima de todo, Arte nobilísimo y vosotros queridos actores, artistas por encima de todo. Artistas de pies a cabeza, puesto que por amor y vocación habéis subido al mundo fingido y doloroso de las tablas. Artistas por ocupación y preocupación. Desde el teatro más modesto al más encumbrado se debe escribir la palabra «Arte» en salas y camerinos, porque si no, vamos a tener que poner la palabra «Comercio» o alguna otra que no me atrevo a decir. Y jerarquía, disciplina y sacrificio y amor (I, 1179, 1180).

Si nos hemos extendido es porque queremos que el tema político se sitúe de una vez. Lorca es un escritor social; claro que lo es, si el teatro es por definición una función social. Lorca es también un escritor que critica mucho su sociedad; claro que lo hace, de otro modo no sería un escritor auténtico. Lo que no es, lo que no puede ser —porque es artista, sublime artista— es escritor político. Así lo explicó a Dámaso Alonso: «Yo nunca seré político. Yo soy revolucionario, porque no hay un verdadero poeta que no sea revolucionario»[26]. ¿Cómo vamos a aceptar esas declaraciones sobre el arte y en contra de la política? Si Lorca puede predecir la guerra civil con *La casa de Bernarda Alba,* no es en cuanto escritor político sino porque es un gran artista que trata un tema humano y universal. Ruiz Ramón ha visto muy bien esto al afirmar que la guerra civil:

> ... impedirá el estreno del drama en 1936, aplazándose así su representación en España hasta 1964, veintiocho años después de haber sido escrita. ¿Tenía vigencia en esa fecha el grito final de Bernarda: ¡Silencio, silencio he dicho! ¡Silencio!?[27].

La casa de Bernarda Alba no predice nada, sino que hace un comentario sobre el odio y la represión de un impacto hondísimo y siempre vigente que sólo puede proceder del arte más puro, cuyo partidario es siempre el ser humano. Si *Bernarda Alba* tenía o tiene vigencia, no es porque Lorca haya querido escribir un drama político, sino porque ha acertado artísticamente. Nadal ha dicho que la única ética de Lorca es el amor. Entendido en estos términos *La casa de Bernarda Alba* constituye una teatralización sobrecogedora del resultado de la ausencia de ese amor.

El subtítulo de la obra «Drama de mujeres en los pueblos de España» ha originado ciertos problemas. R. A. Young, por ejemplo, cree ver «un cuadro de la vida provincial española contemporánea», y afirma que la intención de Lorca es dar

---

[26] Dámaso Alonso, pág. 160.
[27] Ruiz Ramón, pág. 209.

«un documento fotográfico de la sociedad de la clase media en Andalucía». Opina que la vida que representa es, sin duda, la vida típica y realista de un pueblo[28]. Cree entonces que «la obra refleja el mundo del pueblo (nación, no población) español, y puesto que él es tan esencialmente español, la vida de García Lorca»[29]. Evidentemente, piensa que el subtítulo tiene la intención de generalizar sobre la situación y presentar a estas mujeres como representativas. Nos parece un juicio equivocado. El subtítulo no dice: «Drama de *las* mujeres en los pueblos de España», sino «Drama de mujeres». Lo de «en los pueblos españoles» sirve para distinguir entre el pueblo y la ciudad. No es un intento de presentar *las* mujeres de todos los pueblos españoles. Debemos tener en cuenta que a Lorca le gustan las situaciones extremas. *Bodas de sangre* es la historia de un suceso raro, de una «noticia». *Yerma* también representa una situación poco común. Si *Yerma* fuera representativa, España se acabaría en una generación. Son casos extraordinarios, posibles dentro del marco del *fenómeno andaluz,* pero extremos, sin embargo. Además, por eso parece que Lorca los empleó. No podemos ver, por tanto, otra cosa que una situación extrema en *La casa de Bernarda Alba.*

Según Couffon, que cita directamente a personas de Fuentevaqueros, la familia de las Alba —su verdadero nombre que Lorca no cambiaría— era bien conocida:

> ... existieron en la realidad... Vivían en una aldea de la vega, donde los padres de Federico tenían una propiedad: Valderrubio (antes Asquerosa). Las dos casas eran contiguas. Inclusive el pozo de agua era compartido. En una ocasión en que veraneaba en Valderrubio, Federico descubrió *esa extraña familia de muchachas que sufrían la vigilancia tiránica de la madre,* viuda desde hacía muchos años. *Intrigado,* el poeta decidió sorprender la vida íntima de las Alba. Utilizando el pozo

---

[28] R. A. Young, «García Lorca's *La casa de Bernarda Alba:* A Microcosm of Spanish Culture», *Modern Languages,* vol. L (junio de 1969), pág. 66. Traducción nuestra.

[29] *Ibíd.,* pág. 67.

de agua como puesto de observación, espió, estudió, tomó notas[30].

Extraña familia que intrigó al poeta. Según Morla Lynch, Lorca lo contó así:

> ... una aldehuela en la que mis padres eran dueños de una propiedad pequeña: Valderrubio. En la casa vecina y colindante a la nuestra vivía «doña Bernarda», una viuda de muchos años que ejercía una inexorable y tiránica vigilancia sobre sus hijas solteras. *Prisioneras* privadas de todo albedrío, jamás hablé con ellas; pero las veía pasar *como sombras* siempre silenciosas y siempre de negro vestidas... había en el confín del patio un pozo medianero, sin agua, y a él descendía para espiar a *esa familia extraña cuyas actitudes enigmáticas me intrigaban.* Y pude observarla. Era un infierno mudo y frío en ese sol africano, *sepultura de gente viva* bajo la férula inflexible de cancerbero oscuro[31].

La actitud de Lorca ante ellas es inequívoca: son un «caso raro» y le fascinan por eso. Sigue Morla, ahora parafraseando a Lorca, que empleó esta frase para calificarlas: «Estos seres que vegetan *al margen* de toda palpitación humana»[32]. Sea exacta o no la frase, resume bien el extremo que parece representar la situación de las Alba.

Manuel Durán enfoca este problema con más mesura que Young. Opina que *La casa de Bernarda Alba* tiene para cualquier español nacido y criado en cualquiera de las grandes ciudades españolas, un ambiente más bien irreal y forzado. No cree que la obra llegue a ser increíble pero señala la distancia astronómica entre estos personajes intensamente desesperados y las mujeres de Barcelona o Madrid. También señala que la actitud de Lorca frente a su obra, sobre todo si Lorca se compara con escritores europeos y norteamericanos

---

[30] Couffon, pág. 33. La cursiva es nuestra.
[31] Morla Lynch, pág. 489. La cursiva es nuestra.
[32] *Ibíd.* Cursiva nuestra. Según Auclair (pág. 293): «esta historia fue para Federico como para el pueblo *una delicia*».

de los años veinte y treinta (cita a Steinbeck como ejemplo), se tiene que calificar de «ahistórico» o «antihistórico»[33].

Rubia Barcia, en su agudo estudio «El realismo 'mágico' de *La casa de Bernarda Alba*», cree lo siguiente:

> ... un conocedor aun superficial de la vida de esos pueblos sabe que un caso, como el que en la obra se expone, sería imposible en la mayoría de los pueblos de la España vivida por el autor, y aceptable sólo como extraordinario y raro incluso en tierras andaluzas o acaso castellanas[34].

Coincidimos con este criterio: *La casa de Bernarda Alba* es la representación a propósito, no de la vida normal sino muy anormal, de una familia andaluza. ¿Cómo vamos a creer que Bernarda se nos presenta como la mujer representativa o típica cuando obviamente es una mujer tan obsesionada como Yerma? No pueden considerarse como *las* mujeres españolas, sino como una familia andaluza «*al margen*».

Ahora bien, Rubia Barcia ha dicho también, «o acaso castellanas». Se ha dicho más de una vez que *La casa de Bernarda Alba* tiene un ambiente castellano, a pesar de que Lorca afirmase lo contrario: «Son andaluzas, por cuanto existen y las he visto en mi tierra granadina»[35]. Resulta curiosa esta afirmación. ¿Por qué se querrá decir que la obra tiene un ambiente castellano? Es cierto que en cuanto al argumento, podía haber pasado en Castilla, pero ¿qué fin tiene esta afirmación sobre todo frente a las declaraciones del propio escritor? ¿No se afirmará porque no contiene aquellos elementos de cierta índole pagana andaluza que tienen *Bodas de sangre* y *Yerma*? Al depurar los elementos míticos-trágicos de su obra, Lorca ha quitado todo elemento de este tipo: ahora no hay

---

[33] Manuel Durán, ed., *Lorca: A Collection of Critical Essays,* Englewood Cliffs, N. J., Prentice Hall, 1962, pág. 14.

[34] Rubia Barcia, pág. 387.

[35] Morla Lynch, pág. 488. A pesar de esta declaración, Morla cree ver un reflejo de Castilla. Alfredo de la Guardia, *García Lorca, persona y creación*, Buenos Aires, editorial Schapire, 4.ª ed., 1961, pág. 383. También cree que se trata de Castilla y otros críticos han seguido este juicio sin ninguna base.

más que una perversión de la mentalidad ortodoxa, pero no por ello deja el ambiente de ser completamente andaluz. El elemento andaluz, como hemos visto, se puede caracterizar por vestigios paganos, pero al no emplearlos, Lorca no traslada la obra a Castilla. La mentalidad de Bernarda no muestra ninguna creencia pagana, pero sí muestra muchas creencias muy típicas de los pueblos andaluces. Esas creencias existirán en otras partes, como Castilla, pero son andaluzas puras también y no hay ninguna razón para creer que la obra deba situarse al norte de Despeñaperros. Además, no nos interesa aquí el hecho de que existan o no en otras partes, pues es obvio que muchas de ellas serán típicas de cualquier pueblo español. Lo que nos interesa destacar es el hecho de que Lorca emplea otra vez aquí la realidad andaluza como base para su obra. Aquí no hay paradoja ni contradicción. Nunca hemos dicho que Lorca se apartara de la realidad andaluza. Al contrario, es la sustancia de su creación artística. Hay muy poco inventado en su obra, pero esto no prueba en absoluto su realismo. Realismo implica un estilo, estilo que Lorca no se inclinaba a emplear. Lo importante es precisamente la transformación de elementos reales en elementos poéticos. *La casa de Bernarda Alba* es un ejemplo magnífico de esta transformación.

Pensemos un momento en una versión *realista* de la vida de las Alba en la escena, una reproducción fiel de su vida diaria. ¿Cabe mayor aburrimiento? La magia teatral de Lorca consiste precisamente en ordenar, seleccionar y llevar a esferas poéticas la realidad en torno suyo sin apartarse de la *posibilidad* verosímil. Lorca emplea los detalles más realistas y más cotidianos hasta en su poesía. Su gran talento reside en su estilización, no su evasión, de la realidad. Precisamente por eso, *Bodas de sangre* y *Yerma* son obras geniales y no invenciones fantásticas. Si no hubiese en Andalucía la *potencialidad* poética, mítica y trágica, esas dos obras no serían tragedias de la tierra andaluza. Esa *potencialidad* de la tragedia en Andalucía, respondiendo a todo lo que hay de onírico o telúrico y, de cierta manera, eterno o milenario, encarna graves problemas posibles al trasladarse a la escena, porque si el público es incapaz de compenetrarse con la acción, puede parecer mero folklore, puede ser —como *Bodas de sangre* en Nueva York— incomprendido. Obviamente, *Bodas de sangre* corre el mayor riesgo. En *La casa de Bernarda Alba* se ha eliminado «la *tragedia* de la tierra» dejando un escueto drama andaluz. Lo andaluz está presente todavía, pero ahora sólo vemos lo más esencial. El Níjar «sacrificial» y el Moclín ritual han cedido al Asquerosa palpable y patente: la potencialidad trágica ha dado lugar a la potencialidad dramática sin dejar de ser netamente andaluza y sin caerse en aburrida imitación realista. No se trata tampoco de Castilla aunque es innegable que las reverberaciones concéntricas de esta obra llegan a todos los confines del mundo hispánico, por no decir del mundo occidental. Pero este drama andaluz está arraigado en la vega granadina.

Donde antes le interesaban a Lorca mitos y ritos, ahora le interesa la vida moral en un pueblo, vida moral que estudiará críticamente en el drama. Es lógico este cambio de género porque la tragedia andaluza tendrá la misma relación con el mito o el rito que el drama tendrá con la vida moral. Donde antes celebraba en la tragedia, ahora estudiará críticamente un aspecto de la realidad andaluza: el aspecto moral llevado a un extremo perverso. Otra vez tenemos que preguntar: ¿cómo aceptar esas mujeres extrañas, extrañas para Lorca, extrañas dentro del marco andaluz, como representativas típicas de una sociedad?

No hay duda que la obra contiene crítica social, pero esa crítica no tiene como blanco toda la sociedad andaluza, ni mucho menos toda la sociedad española. Bernarda no era «la España de este período: estricta, tradicional, intolerante»[36]. Bernarda es estricta, tradicional e intolerante hasta el máximo, pero no representa España. Creer eso es reducir la universalidad de la obra y trocar su propósito artístico en propósito político. Bernarda Alba no representa siquiera su pueblo: sólo representa lo que es, una mujer desgraciada cuya razón de ser es el odio y la represión que impone a otros, una mujer que emplea el código sociomoral de su sociedad —el

[36] Young, pág. 72.

pueblo andaluz— para esos fines. Y, como dice Torrente Ballester: «La debilidad de Bernarda consiste en su incapacidad para comprender y para aceptar la existencia de todo lo que no sea la moralidad del pueblo»[37].

Bernarda es un ser malévolo, pero no malévolo porque trate de usurpar una autoridad que no es suya, sino malévolo en su manera de emplear su propia autoridad. Bernarda no transgrede por asumir el mando porque después de la muerte de su marido en ella está naturalmente; transgrede en el modo de emplear ese poder que la jerarquía y el código social le confieren[38]. Hay crítica social en la obra, pero la crítica no se dirige a todo el sistema socio-moral andaluz, sino contra la perversión y el abuso de ello, y contra la hipocresía de los que carecen de sus valores originales.

La obra de Lorca es la expresión máxima de Andalucía y su ética es la ética de amor. Cuando no escribe acerca del amor, escribe sobre su falta, su truncación, su ausencia, su eclipse. Todo ello dentro de un sentido de mortandad hiriente e inevitable. Volvamos a lo que dijimos al principio: lo que resulta *constante* en la obra teatral es el conflicto, conflic-

---

[37] Gonzalo Torrente Ballester, *Teatro Español Contemporáneo*, Madrid, Guadarrama, 2.ª ed., 1968, pág. 250.

[38] Hay que insistir en este aspecto. Los que conocen la vida de tales pueblos no se extrañan ante los hechos cotidianos mencionados a lo largo de la obra: constituyen el mejor argumento «realista» que puede utilizarse. Las particiones, el noviazgo ante la reja, la dicotomía absoluta de los sexos, la insistencia en la voz pública —«el qué dirán»—, la abuela loca encerrada en la casa, todos son detalles normales y realistas. La Poncia dice a Adela: «... yo puedo dar voces, encender luces y *hacer que te toquen las campanas*». Se refiere a una «encerrada», es decir, una censura pública dirigida contra los que no actúen según las costumbres del pueblo, especialmente las costumbres sexuales. (Recuérdese *La zapatera prodigiosa*: el niño dice, «Todas las mujeres han ido a ver al juez para que te vayas del pueblo, ¡ay! Y los hombres querían que el sacristán tocara las campanas para cantar tus coplas»..., II, 312.) Lo que resulta cómico en *La zapatera* es aquí una amenaza verdadera.

Cuando Bernarda quiere castigar a la hija de la Librada «antes que lleguen los guardias», no ha dicho nada fuera de lo común. Lo que es anormal es su modo de querer castigar. Así pueden explicarse casi todos los detalles que pueden documentarse extensamente en estudios sociológicos como el de Pitt-Rivers o Fernández Suárez: «Son detalles auténticos que a mucha gente les parecen raros...» (II, 977). Véase también el último capítulo del citado libro de Brenan sobre las costumbres granadinas de la época.

to entre —en términos generales— autoridad e individuali-dad, ley natural y ley social. Obviamente, Bernarda es el personaje de autoridad y ley social. Al otro extremo, al lado de individualidad y ley natural, está Adela. Pero por estar en los antípodas no vienen a ser personajes simbólicos. Al contrario, son personajes específicos cuya contienda los define como tales. No son encarnaciones del bien y el mal: Lorca ha escrito un drama, no un auto sacramental. Bernarda es mala, malévola, represiva, pero no es unidimensional ni completamente negativa. Adela es la que más gusta: representa la única posibilidad de amor que vemos en la obra, pero tampoco está exenta de culpabilidad. Bernarda es tiránica y ciega a las consecuencias, pero siempre dentro de los límites sociales de la sociedad del campo andaluz establecido desde hace siglos. Adela, en cambio, rompe con su rebelión las normas establecidas de su sociedad y lo hace sabiendo perfectamente lo que esto significa:

> Yo no aguanto el horror de estos techos después de haber probado el sabor de su boca. Seré lo que él quiera que sea. Todo el pueblo contra mí, quemándome con sus dedos de lumbre, perseguida por los que dicen que son decentes, y me pondré la corona de espinas que tienen las que son queridas de algún hombre casado.

No es una heroína: Adela no es otra Mariana Pineda que se sacrificará gloriosamente a un ideal. Su propia rebelión le espanta:

> Vamos a dormir, vamos a dejar que se case con Angustias, ya no me importa, pero yo me iré a una casita sola donde él me verá cuando quiera, cuando le venga en gana.

Se resigna a un sino que ella misma sabe perfectamente que no puede evitar. Lo que ocurre después no ocurre porque trate de rebelarse contra su sociedad, sino porque su madre y sobre todo su hermana Martirio, le convencen que su única razón de vida ya no existe. Se ha rebelado ya, pero no es su rebelión la que causa su muerte, sino la mentira de Martirio. Su rebelión era ya un hecho cuyas consecuencias ella ha sabido a su manera, a la manera del pueblo, aceptar. Lejos de ser una heroína que se rebela gloriosamente contra el mal, es una pobre joven que muere víctima de unas circunstancias muy específicas. Por tanto no la podemos entender, como hace Carlos Rincón como «símbolo de una sociedad posible en donde la 'moral de la Tierra' podrá reverdecer»[39]. Tampoco entendemos lo que tiene que ver con esta muerte individual y accidental la *motivazione storico-sociale* de la que habla Alberto del Monte[40]. Ni tampoco cómo «La casa del título» se convierta en «la gran Casona Nacional, España», para ver que «Este pueblecito es España. Esta villa es toda la nación española», como ha querido ver Miguel A. Martínez[41]. Estos intentos de ver la situación española reflejada en la obra, por lógicos o naturales que sean, no nos convencen. *Doña Rosita* está más cerca del reflejo de un problema de tipo nacional que *Bernarda Alba*. Decir que este drama «es España» es una limitación severa a la obra cuyo fondo alcanza una dimensión mucho más profunda. Como dice Ruiz Ramón: «Debió ser la primera del ciclo de plena madurez del dramaturgo, la primera de una más profunda y universal dramaturgia»[42].

El conflicto entre Bernarda y Adela, lejos de ser nacional, es universal. Este juicio cabe perfectamente dentro de las tres *constantes* que señalamos al principio. La concepción de la obra es poética y el drama escueto es un nuevo experimento de forma, seguramente la más universal del teatro lorquiano dentro del ámbito del teatro mundial moderno. Es, además, el ejemplo más profundo del conflicto básico ya señalado. La lucha entre la ley individual anárquica manifestada sobre todo en la sexualidad de Adela y la ley social, la necesidad au-

---

[39] Carlos Rincón, «*La casa de Bernarda Alba* de Federico García Lorca», en Bahner, Werner (editor), *Beiträge zur französischen Aufklärung und zur Spanishen Literatur: Festgabe für Werner Krauss zum 70. Geburtstag,* Berlín, Akademi-Verlag, 1971, pág. 578.

[40] Alberto del Monte, «Il realismo di *La casa de Bernarda Alba*», *Belfagor,* XX (marzo de 1965), págs. 130, 148.

[41] Miguel A. Martínez, «Realidad y símbolo en *La casa de Bernarda Alba*», *Revista de estudios hispánicos,* vol. IV (abril de 1970), pág. 59.

[42] Ruiz Ramón, pág. 207.

toritaria de Bernarda de reprimir esta individualidad, no puede ser más universalmente humana. Su encarnación específica en los personajes de *La casa de Bernarda Alba* dentro de un pueblo andaluz, no representa la condenación ni la aceptación de un lado u otro. Lorca estudia aquí el problema moral y humano y su estudio dramático es una ejemplificación particular del problema. Critica las dos fuerzas pero lo que le interesa es la lucha misma en su fuerza teatral. Ha visto en el «caso» de las Alba una oportunidad singular para la escenificación de ese conflicto tan esencial en su teatro, oportunidad extrema en la que las consecuencias de esa lucha pueden alcanzar una densidad inusitada.

Bernarda y Adela representan los extremos pero no son las únicas que entran en la lucha. También Angustias y Martirio desempeñan un papel importantísimo. Angustias sujeta a Adela diciendo: «De aquí no sales con tu cuerpo en triunfo. ¡Ladrona! ¡Deshonra de nuestra casa!» Acierta plenamente. Martirio, después de su mentira fatal para Adela, comenta al verla muerta: «Dichosa ella mil veces que lo pudo tener.» El *principio de autoridad,* para emplear la frase de Ruiz Ramón, está reinante en Angustias, pero el *principio de libertad,* convertido ahora en celos nefastos, reina en Martirio. Ha tenido razón Ruiz Ramón al comentar:

> ... la casa de Bernarda Alba es un mundo cerrado en el interior de otro mundo cerrado, y ambos no se excluyen, sino que se necesitan, pues la destrucción del uno determinará automáticamente la destrucción del otro[43].

De una manera parecida Torrente Ballester ha enjuiciado la misma derrota doble al final como el resultado de una guerra de voluntades:

> El mundo doméstico de Bernarda se ha desmoronado: las últimas palabras de la matrona implican la confesión de su derrota. Su última orden es especialmente patética porque es la orden de una gran mentira, de la mentira que nadie creerá:

---

[43] *Ibíd.,* págs. 208-209.

«La hija menor de Bernarda Alba ha muerto virgen.» Bueno, Pepe «el Romano» no se callará y «La Poncia» tampoco; Bernarda Alba y su casa andarán desde ahora en lenguas, pero Bernarda Alba está dispuesta a no enterarse, a engañarse a sí misma y a aguantar el tipo, aunque no pueda engañar a los demás[44].

Bernarda es, en su tiránica ceguera, la más patética de todas, pero ninguna se escapará de las consecuencias de esta hipocresía trágicamente absurda. Porque todas tienen la culpa de la ruina de esta casa, desde la lengua odiosa de La Poncia hasta las irónicas expresiones de la locura de la abuela: por eso el título nombra la casa. Entenderlo de otro modo es menoscabar el significado del atormentador problema moral encerrado en esa casa: ese conflicto —el tema lorquiano por excelencia—que no resolvemos entre el yo y los otros, individualidad y colectividad, el ser humano que tiene que esforzarse, erguirse, afirmarse a sabiendas de su fin ineluctable y el ser colectivo que tiene que ordenar, controlar y dirigir a los individuos a pesar de que eso signifique la inevitable truncación de ellos. ¿No es ésta la historia que representan Caín o Edipo o Segismundo? ¿No es el conflicto entre el individuo y su propia raza? Que el esfuerzo individual humano quedará truncado o vencido por la colectividad represiva —los otros, la opinión ajena, la crítica, el qué dirán, la honra, la vergüenza, la apariencia— no es sino la reiteración de un problema perenne[45]. Que Lorca esté más al lado del individuo, que simpatice más con la rebelión que con la autoridad, es natural. Recordemos que dijo que «el artista y particularmente el poeta, es siempre anarquista en el mejor sentido de la palabra» (II, 917). Que tales individuos sean

[44] Torrente Ballester, *Teatro español contemporáneo,* pág. 250.
[45] Recordemos las palabras de Antonio Buero Vallejo en el discurso de su recepción académica: «Pero, ¿qué es lo que, con muerte o sin ella, aplasta la sociedad en las tragedias lorquianas? Pues las normas eternas del corazón y del sentimiento. Dicho de otro modo: aquel ansia de justicia, libertad, dignidad y realización personal por la que nos sentimos humanos y a la que la injusticia colectiva se opone resueltamente.» *Tres maestros ante el público* (Valle-Inclán, Velázquez, Lorca), Madrid, Alianza, 1973, pág. 155.

vencidos en su obra no es fatalismo sino una exquisita conciencia teatral del destino humano que mediante el arte hemos tratado de comprender desde los antiguos griegos.

A los finales trágicos enraizados en la tierra andaluza ha sucedido esta muerte, enorme en su *pathos,* de la joven rebelde, víctima de la mentira, del odio y de la represión perversa de su propia familia. Esta historia —extrema en su polarización y general en su problema— se yergue de esa misma tierra andaluza, pero en vez de terminar en un bosque o un monte, como en *Bodas de sangre* y *Yerma* termina donde empieza, en esa casa tapiada para que no entren ni el viento ni las hierbas; empieza y termina con el luto impuesto; empieza y termina en silencio, empieza y termina con la muerte. Ese extraño mundo violentamente poético de *La casa de Bernarda Alba* es netamente andaluz: en una casa cerrada al mundo, en un pueblo de pozos, ocurre una horrible repetición de una querella tan antigua como la angustia humana, que se nos presenta en la forma de un drama tan escueto y despojado como moderno y universal. *La casa de Bernarda Alba* representa dentro del teatro de Lorca el triunfo tanto de forma como de fondo: cuanto más depurado, más andaluz, y cuanto más andaluz, más universal; es la obra maestra del escritor andaluz más auténtico que ha visto, como Cervantes, como Faulkner, como García Márquez, que la expresión esencial y particular de un pueblo —la Mancha, Yoknapatawpha, Macondo— puede servir de analogía artística para vincularnos a la verdad más eterna y universal. Cada representación de *La casa de Bernarda Alba* equivale a una puesta en escena de una Andalucía trascendental.

Esta edición

Seguimos, salvo en dos casos en que observamos un error tipográfico, la última edición —la más cuidada— ofrecida por Arturo del Hoyo en las *Obras completas* publicadas por Aguilar. Ésta, a su vez, sigue a la primera edición de 1946 de Losada hecha por Guillermo de Torre. Como se trata de una obra no estrenada e inédita en vida del autor, creemos lo óptimo partir del único texto publicado. Sabemos de la existencia de otras copias del mismo texto, pero, al parecer, las variantes son tan mínimas que no merece la pena anotarlas.

Hay al menos dos lecturas de la obra por parte del dramaturgo en Madrid el año 1936. Una el 24 de junio en casa de los condes de Yebes[1] y otra el 15 de julio en la casa del doctor Eusebio Oliver[2].

La familia García Lorca conserva en su poder un manuscrito autógrafo que, según Francisco García Lorca, varía «poco o nada» con respecto al texto publicado. Arturo del Hoyo, por su parte, afirma haber visto otro ejemplar que tampoco ofrece variantes de importancia. Se trata, al parecer, de *copias* y no de versiones distintas del mismo manuscrito.

La versión de la obra que estrena Margarita Xirgu en el teatro Avenida de Buenos Aires, el 8 de marzo de 1945, es la que publica Losada, después Aguilar y reproducimos ahora nosotros.

---

[1] Cfr. Morla Lynch, pág. 483.
[2] José Luis Cano, *García Lorca: Biografía ilustrada*, 2.ª ed., Barcelona, Destino, pág. 124.

Según Antonina Rodrigo, la intención original de Margarita Xirgu y Lorca fue estrenar la obra no en Madrid, sino en Buenos Aires. Pero vaciló Lorca: «a última hora el poeta anula su viaje. Margarita y Federico quedan de acuerdo para reunirse unas semanas más tarde en tierras mejicanas. El poeta, entretanto, piensa terminar *La casa de Bernarda Alba* para que la Xirgu la estrene en Buenos Aires»[3]. Después del clamoroso estreno bonaerense en 1945, la actriz reitera: «Él quería que esta obra se estrenara aquí y se ha estrenado, pero él quería estar presente y la fatalidad lo ha impedido. Fatalidad que hace llorar a muchos seres. ¡Maldita sea la guerra!»[4].

¿Cómo llegó el manuscrito de *La casa de Bernarda Alba* a manos de Margarita Xirgu nueve años después de escrita? ¿Saldría alguna copia de las lecturas de Lorca en 1936? Según el testimonio de Antonina Rodrigo, en enero de 1945 «la actriz recibe la obra por conducto de don Julio Fuensalida, amigo de la familia García Lorca»[5].

Partiendo de la copia que sirvió para el estreno, Guillermo de Torre incluyó *La casa de Bernarda Alba* en el tomo VIII (1946) de las *Obras completas* de Lorca de la editorial Losada.

Arturo del Hoyo, repetimos, se basó en ella en su edición de las *Obras completas,* Madrid, Aguilar, 1954. (Actualmente en su decimoctava edición, 1974.) Siguen las de Domingo Pérez Minik, con notas de dirección de José Antonio Bardem, Barcelona, Aymá, 1964, la de Antonio Gallego Morell en *Teatro selecto de Federico García Lorca,* Madrid, Escelicer, 1969, y la de Espasa-Calpe (publicada junto con *La zapatera prodigiosa),* Madrid, 1973.

El hecho de que todas estas ediciones sean esencialmente la misma, asegura que el texto ofrece pocas dificultades o ambigüedades para el lector moderno.

---

[3] Antonina Rodrigo, *Margarita Xirgu y su teatro,* Barcelona, Planeta, 1974, pág. 234.
[4] *Ibíd.,* pág. 271.
[5] *Ibíd.,* págs. 268-269. Isabel y Francisco García Lorca no recuerdan en absoluto a don Julio Fuensalida. Afirman, además, que en ningún momento la familia entregó el manuscrito a Margarita Xirgu.

Bibliografía

LIBROS

1. ALONSO, DÁMASO: *Poetas españoles contemporáneos,* Madrid, Gredos, 3.ª ed. aumentada, 1965.
    Contiene un capítulo titulado: «Federico García Lorca y la expresión de lo español». Califica a Federico García Lorca como poeta lírico que expresa el alma de Andalucía, de España, y no el interior de su propia alma. Afirma que el diálogo de *La casa de Bernarda Alba* «tiene una perfección lacónica, escueta, matemática» (pág. 263).

2. ÁLVAREZ DE MIRANDA, ÁNGEL: *La metáfora y el mito,* Madrid, Taurus, 1963.
    Publicado originalmente con el título de «Poesía y religión» en el tomo II de las obras del autor, este trabajo es indispensable por su comparación entre el simbolismo de religiones arcaicas y la obra lorquiana. Es un estudio incompleto pero hondamente sugerente.

3. AUCLAIR, MARCELLE: *Vida y muerte de García Lorca.* Título de la primera edición en francés: *Enfances et mort de García Lorca,* 1968. Primera edición en español (traducción de Aitana Alberti): México, D.F., Biblioteca Era, 1972.
    Detallado estudio de la vida y obra de Lorca, con datos sobre la circunstancia de su muerte. Analiza la creación de *La casa de Bernarda Alba* y sus características, y señala la importancia de la raigambre andaluza en ésta y en *Bodas de sangre* y *Yerma.*

4. BAREA, ARTURO: *Lorca, el poeta y el pueblo,* Buenos Aires, Losada, 1956.

101

Estudio sobre los temas poéticos de Lorca. Dedica un capítulo a *Yerma, Bodas de sangre* y *La casa de Bernarda Alba* a las que llama tragedias rurales. En ellas —dice— «las mujeres son destruidas por su sometimiento al sombrío código moral de su mundo social» (pág. 55).

5. BENTLEY, ERIC: *In Search of Theatre*, Nueva York, Vintage Books, 1953.

   En el capítulo «The poet in Dublin» se estudian las dificultades encontradas en la puesta en escena de *La casa de Bernarda Alba* y dice que en esta obra Lorca recuerda los dramas «modernos» de Ibsen. Este estudio apareció en castellano en *Asomante*, Universidad de Puerto Rico, abril-junio de 1953 (págs. 44-58).

6. BERENGUER CARISOMO, ARTURO: *Las máscaras de Federico García Lorca*, Buenos Aires, Editorial Universitaria de Buenos Aires, 2.ª ed. corregida y aumentada, 1969.

   Objetivo análisis e interpretación de la obra lorquiana. Califica *La casa de Bernarda Alba* como tragedia aparentemente realista y como obra altamente poética.

7. COUFFON CLAUDE: *Granada y García Lorca* (traducción de Bernard Kordon), Buenos Aires, Losada, 1967.

   Narración de varias etapas de la vida de Lorca. Contiene interesantes entrevistas con familiares del autor que aportan datos valiosos sobre la posible procedencia de algunos personajes lorquianos, especialmente la familia Alba.

8. DE LA GUARDIA, ALFREDO: *García Lorca, persona y creación*, Buenos Aires, Schapire, 4.ª ed., 1961.

   Contemporáneo y amigo de Lorca. Su libro aporta información de primera mano y hace un análisis de lo que la obra teatral hubiese podido llegar a ser. En cuanto a *La casa de Bernarda Alba* insiste en que la obra es de ambiente castellano, a pesar de que «ningún dato, ninguna acotación, precisan que la casa de las Alba esté enclavada en un pueblo castellano (página 383). Califica la obra de poética.

9. DE ZULETA, EMILIA: *Cinco poetas españoles (Salinas, Guillén, Lorca, Alberti, Cernuda)*, Madrid, Gredos, 1971.

   Bajo el título «Relación entre la poesía y el teatro de Lorca» estudia las diferentes direcciones de la producción dramática de Lorca y afirma que *Bodas de sangre, Yerma* y *La casa de Ber-*

narda Alba son «las tres grandes tragedias donde Lorca desde un ámbito regional plenamente caracterizado se eleva a dimensión universal» (pág. 268).

10. DÍAZ PLAJA, GUILLERMO: *Federico García Lorca,* Madrid, Espasa-Calpe, Colección Austral, 3.ª ed., 1961.
     Dedica un capítulo a *La casa de Bernarda Alba* y la llama «tragedia medular, con el lenguaje apretado y sin los circunloquios que hablan ya los campesinos lorquianos en *Bodas de sangre*» (pág. 223).

11. DURÁN, MANUEL (editor): *Lorca. A Collection of Critical Essays,* Englewood Cliffs, Nueva Jersey, Prentice-Hall Inc., 1962.
     Edición de una docena de artículos sobre la obra de Lorca. En su introducción a esta edición, Manuel Durán afirma que *La casa de Bernarda Alba* tiene para cualquier español nacido y criado en cualquiera de las grandes ciudades españolas un ambiente más bien irreal y extraño.

12. FERGUSSON, FRANCIS: *The Human Image in Dramatic Literature,* Nueva York, Doubleday and Company Inc., 1957.
     Contiene un estudio clásico sobre el teatro de Lorca. Aunque el capítulo está dedicado a *Don Perlimplín,* hace una acertada evaluación del teatro poético de Lorca y dice de *La casa de Bernarda Alba* que sería un error tomar su realismo demasiado estrictamente. Este estudio ha sido reimpreso en la antología de artículos críticos editada por Manuel Durán y aparece en castellano en la de Ildefonso-Manuel Gil.

13. GALLEGO MORELL, ANTONIO (editor): *Teatro selecto de Federico García Lorca,* Madrid, Escelicer, 1969.
     En el prólogo afirma que en *La casa de Bernarda Alba* «una costumbre —el luto— es el tema central de la obra, y un ausente —el hombre— el obsesivo y nebuloso protagonista», y que con Lorca irrumpe en el teatro un nuevo sentido del realismo, «un realismo idealizado» (pág. 17).

14. GARCÍA LORCA, FRANCISCO: *Three Tragedies of Federico García Lorca,* Nueva York, New Directions Paperbook, 9.ª ed., 1955.
     Su prólogo es ya un estudio clásico del teatro lorquiano donde acertadamente se analiza no sólo el procedimiento del autor, sino los temas, personajes y situaciones de las obras más

103

representativas, especialmente *Bodas de sangre, Yerma* y *La casa de Bernarda Alba*. De esta última afirma que es la más cuidadosamente elaborada y donde Federico García Lorca obtiene la mas alta interpretación artística de la realidad.

15. GASSNER, JOHN: *Masters of the Drama*, Nueva York, Random House, 1954.

    Bajo el título «Lorca and the Poetic Drama», dedica un pequeño pero acertado estudio al teatro lorquiano en el que señala el genio que tiene Lorca para identificarse con la naturaleza, con su pueblo y con sus tradiciones.

16. GIL, ILDEFONSO-MANUEL (editor): *Federico García Lorca. El escritor y la crítica*, Madrid, Taurus, 1973.

    En el prólogo del profesor Gil hay interesantes observaciones sobre el diálogo en la obra teatral de Lorca. De *La casa de Bernarda Alba* dice: «... el diálogo está perfectamente fundido con la acción, sin que haya en él nada que falte o sobre: cada palabra, cada gesto, lo real y lo simbólico, lo que se deja dicho y lo que se sugiere, son carne y hueso de la tragedia» (pág. 19).

17. HIGGINBOTHAM, VIRGINIA: *The Comic Spirit of Federico García Lorca*, Austin and London, University of Texas Press, 1976.

    Analiza los elementos cómicos en toda la obra de Lorca, con excepción de «El llanto» y *Poeta en Nueva York* y afirma que su teatro anuncia el *teatro del absurdo*. Considera que *La casa de Bernarda Alba* presagia también esa nueva modalidad teatral y que su personaje principal es «esperpéntico» y risible en su derrota.

18. HONIG, EDWIN: *García Lorca*, Norfolk, Connecticut, New Directions Books, 1944. Edición en castellano: Barcelona Laia, 1974 (traducción de Ignacio Arvizu Despujol).

    Temprano pero acertado estudio sobre muchos aspectos de la poesía y el teatro de Lorca. Analiza la fuerza de la mujer en lo que llama drama popular lorquiano. Aunque no atribuye intención política a *La casa de Bernarda Alba,* afirma que simbólicamente el personaje principal de la obra representa las fuerzas que niegan la dignidad y la esperanza en el mundo.

19. LAFRANQUE, MARIE: *Federico García Lorca*, París, Éditions Seghers, 1966.

Importante estudio cronológico de la obra de Lorca. Bajo el capítulo «Le théâtre accompli» hace un interesante estudio de *Doña Rosita la soltera* y de *La casa de Bernarda Alba* y analiza la fuerza sugerente y estética del diálogo en esta ultima.

20. LIMA, ROBERT: *The Theatre of García Lorca,* Nueva York, Las Américas Publishing Company, 1963.

Analiza cómo el teatro de Lorca es consistente en el tratamiento de la frustración que conduce a la muerte de los personajes y afirma que es el tema que da unidad al teatro lorquiano, no obstante su diversificación de situaciones. De *La casa de Bernarda Alba,* que califica junto a *Yerma* y *Bodas de sangre,* como una de la «trilogía trágica», señala que aunque en ella solamente aparezcan trozos de poesía en dos ocasiones, esta obra es una de las más poéticas piezas de Lorca.

21. MARTÍNEZ NADAL, RAFAEL: *El público. Amor, teatro y caballos en la obra de Federico García Lorca,* Oxford, The Dolphin Book Company Ltd., 1970.

Es la presentación más completa de lo que hasta ahora se ha publicado de *El público,* y tiene el mérito de ofrecer, además, un cuidadoso y bien enfocado estudio del tema del amor y del valor simbólico del caballo en la obra de Lorca. Refiriéndose a *Bodas, Yerma* y *La casa de Bernarda Alba,* expresa que nada hay en ellas «que permita sospechar la presencia de una tesis en el sentido tradicional, o de mensaje en el sentido moderno. Lo que a Lorca le interesa, sobre todo, es penetrar en los íntimos secretos de esas almas femeninas, percibir los matices más delicados, o las explosiones más violentas de la pasión o del instinto maternal» (pág. 148).

22. MONLEÓN, JOSÉ: *García Lorca. Vida y obra de un poeta,* Barcelona, Aymá, 1974.

Libro de carácter general pero muy sugerente. Aunque es de poca extensión, contiene acertadísimos juicios sobre el teatro y la poesía lorquianos. Es una penetrante y valiosa interpretación crítica de la personalidad y de la obra de Lorca y contiene un excelente análisis de la integración del teatro y de la poesía en *La casa de Bernarda Alba.*

23. MORLA LYNCH, CARLOS: *En España con Federico García Lorca (Páginas de un diario íntimo, 1928-1936),* Madrid, Aguilar, 1959.

Impresiones sobre la vida y la obra, con detallados informes sobre amistades, incidentes y conversaciones de Lorca. Incluye interesantes reseñas de las lecturas que Lorca hizo de *Así que pasen cinco años*, *Bodas de sangre*, *Yerma* y *La casa de Bernarda Alba*.

24. NEWBERRY, WILMA: *The Pirandellian Mode in Spanish Literature from Cervantes to Sastre*, Albany, Nueva York, State University of New York Press, 1973.

    Analiza la afinidad temática de Lorca y Pirandello. La destrucción de la distancia estética que existe en *El público* da pie para una interesante comparación entre esta obra y las ideas de *La deshumanización del arte* de Ortega y Gasset. Discute brevemente la locura de la abuela en *La casa de Bernarda Alba*.

25. PÉREZ MINIK, DOMINGO (editor): *La casa de Bernarda Alba* de Federico García Lorca. Prólogo bajo el título «Ida y vuelta de Federico García Lorca», Barcelona, Aymá, 1964. (Esta edición incluye, además, «observaciones y notas de dirección por J. A. Bardem, que dirigió el primer estreno comercial de esta obra en el teatro «Goya» de Madrid, el 10 de enero de 1964.)

    En su prólogo a esta edición Domingo Pérez Minik expresa que con *La casa de Bernarda Alba*, Lorca anuncia un teatro político esencial y polémico. Interesantes notas del director Bardem.

26. PÉREZ MINIK, DOMINGO: *Debates sobre el teatro español contemporáneo*, Santa Cruz de Tenerife, Goya Ediciones, 1953.

    Contiene un interesante capítulo titulado «García Lorca o el mito trágico» donde se apuntan características de obra crítica en *La casa de Bernarda Alba*.

27. RUIZ RAMÓN, FRANCISCO: *Historia del teatro español, siglo XX*, Madrid, Ediciones Cátedra, 2.ª ed. muy ampliada, 1975.

    Enciclopédico e inteligente estudio. Designa como polos fundamentales de la estructura dramática lorquiana, los principios de autoridad y de libertad y afirma que «el teatro lorquiano es un teatro poético, como lo es, cada uno en su nivel, el teatro de Lope de Vega o de Shakespeare». Dedica una parte a *La casa de Bernarda Alba*, obra que califica como «cima y testamento dramáticos de Lorca» (pág. 177).

28. SÁNCHEZ, ROBERTO G.: *García Lorca: estudio sobre su teatro*, Madrid, Ediciones Jura, 1950.

Señala la relación común entre la poesía y el drama de Lorca y analiza su técnica dramática. Dedica un interesante estudio a *La casa de Bernarda Alba* en el que expresa que en esta obra no hay nada de crítica social y que, a pesar de su ambiente severo, es obra poética.

29. TORRENTE BALLESTER, GONZALO: *Teatro español contemporáneo*, 2.ª ed, Madrid, Guadarrama, 1968.

    Enjundioso análisis del teatro español contemporáneo con un estudio de *La casa de Bernarda Alba* bajo el título «Bernarda Alba y sus hijas, o un mundo sin perdón». Importante estudio.

30. VILA-SAN-JUAN, JOSÉ: *García Lorca, Asesinado: toda la verdad*, Barcelona, Planeta, 1975.

    Esta obra, que obtuvo el premio «Espejo de España» 1975, es un libro de información de carácter periodístico sobre la muerte de Lorca. Contiene además interesantes declaraciones de Ignacio Agustí, Guillermo de Torre, R. Martínez Nadal y Dámaso Alonso sobre los pensamientos e ideales de Federico García Lorca.

ARTÍCULOS

1. ALBERICH, J.: «El erotismo femenino en el teatro de García «Lorca», *Papeles de Son Armadans*, vol. 39, núm. CXV (octubre de 1965), págs. 9-36.

    Analiza el acierto de Lorca en la caracterización de sus personajes femeninos y cómo éstos están «sólidamente enclavados en su tierra, en su paisaje y en su clase social» (pág. 11).

2. ALTOLAGUIRRE, MANUEL: «Nuestro teatro», *Hora de España*, número 9 (septiembre de 1937), págs. 27-37.

    Valioso artículo sobre la creación teatral de Lorca. Aclara y da base para modificar el concepto de realismo que ha creado, en gran parte de la crítica, el repetido comentario de Adolfo Salazar a raíz de la primera lectura de *La casa de Bernarda Alba*.

3. BLANCO-GONZÁLEZ, MANUEL: «The Tragic Trilogy», *Drama Critique*, vol. LX, núm. 2 (1966), págs. 91-97.

    Considera que *Bodas de sangre, Yerma* y *La casa de Bernarda Alba*, reflejan la idea de Lorca de un teatro poético que podría representar lo que él concebía como tragedia moderna, y las llama «trilogía trágica» porque en algunos aspectos se relacionan.

4. CANO BALLESTA, JUAN: «García Lorca y su compromiso social: el drama», *Ínsula,* 26 (enero), núm. 290, págs. 3, 5.
    Artículo bien elaborado que considera a Lorca poeta comprometido con su mundo, pero no como activista político.

5. CARBONELL BASSETT, DELFÍN: «Tres dramas existenciales de Federico García Lorca», *Cuadernos Hispanoamericanos,* LXIV, número 190 (1965), págs. 118-130.
    Una comparación entre Martín Heidegger y Federico García Lorca. Dice que los personajes dramáticos de Lorca son como los seres auténticos de que habla Heidegger.

6. CARRIER, WARREN: «Poetry in the drama of Lorca», *Drama Survey,* II, III (1963), págs. 297-304.
    Afirma que en los tiempos modernos, nadie como Lorca ha llevado tanta belleza poética al drama y que *La casa de Bernarda Alba* puede compararse a cualquiera de las grandes obras teatrales.

7. DOMENECH, RICARDO: «*La casa de Bernarda Alba*», *Primer Acto,* 50 (febrero de 1964), pág. 1416.
    Destaca que lo que le da modernidad a esta obra es el espíritu crítico que anima al autor al presentar en escena el conflicto entre el ansia de libertad y la ausencia de libertad. Enjuicia el estreno español de la obra.

8. GARCÍA LUENGO, EUSEBIO: «Revisión del teatro de Federico García Lorca», *Cuadernos de política y literatura,* Madrid (1951), págs. 7-34. Publicado como «cuaderno».
    Califica la obra dramática de García Lorca como teatro que no revela un verdadero sentimiento, con un ideario elemental y con personajes de poca riqueza psicológica; y estima que es exagerado presentar el teatro lorquiano como paradigma de drama español. Éste es el único artículo con este enfoque tan en desacuerdo con la casi totalidad de la crítica, por lo que resulta interesante.

9. GREENFIELD, S. M.: «Poetry and Stagecraft in *La casa de Bernarda Alba*», *Hispania,* XXXVIII (1955), págs. 456-461.
    Expresa que *La casa de Bernarda Alba* es una tragedia de la

esterilidad, simbolizada en la obra por el color blanco de la casa.

10. HIGGINBOTHAM, VIRGINIA: «Toward an Annotated Bibliography of the Theater of García Lorca», *García Lorca Review,* vol. II, núms. 1 y 2, Brockport, Nueva York, 1974.

El seminario *García Lorca* de la «Modern Language Association» de EE.UU. está compilando una bibliografía de la obra lorquiana. Este ensayo representa el primer paso en cuanto a bibliografía crítica de la obra teatral, que tanta falta hace. Los trabajos de esta útil y ardua tarea seguirán publicándose en la *García Lorca Review.*

11. HIGGINBOTHAM, VIRGINIA: «Lorca and the Twentieth-Century Spanish Theatre: Three Precursors», *Modern Drama,* número 15 (1972), págs. 164-174.

Estudia los antecedentes del teatro de Lorca y señala como sus precursores en el siglo XX a Eduardo Marquina, Ramón del Valle-Inclán y Jacinto Benavente.

12. HONIG, EDWIN: «Lorca to Date», *Tulane Drama Review,* volumen VII, núm. 2 (1962), págs. 120-126.

Menciona las obras críticas sobre Lorca que considera mejores y analiza las modalidades estéticas que iba tomando la obra lorquiana en los últimos años de la vida de Lorca.

13. HONIG, EDWIN: «Dimensions of Imagery and Action in the Work of García Lorca», *Poetry,* vol. LXIII, núm. 1, págs. 32-44.

Muestra el proceso de continua experimentación en la creación dramática y cómo Lorca logró una original dimensión en teatro por sus calidades de poeta.

14. HONIG, EDWIN: «Toward a Lorca Theatre», *New Mexico Quarterly,* vol. XX, núm. 1 (1950), págs. 94-98.

Comentario del libro *Lorca: El poeta y su pueblo,* de Arturo Barea, con interesantes juicios sobre la «puesta en escena» de algunas obras de Lorca en distintas partes del mundo. Discute el problema de «universalidad».

15. LÁZARO CARRETER, FERNANDO: «Apuntes sobre el teatro de Federico García Lorca», *Papeles de Son Armadans,* vol. XVIII, núm. 52 (julio de 1960), págs. 9-33.

Opina que el teatro de Lorca es de intención social pero que Lorca no fue nunca un escritor comprometido «políticamente». Contiene un interesante concepto del realismo español.

16. MARTÍNEZ, MIGUEL: «Realidad y símbolo en *La casa de Bernarda Alba*», *Revista de Estudios Hispánicos*, vol. IV (abril de 1970), págs. 55-66.
    Interpreta simbólicamente *La casa de Bernarda Alba* y afirma que el conflicto de la obra es el anuncio de la guerra civil.

17. MONTE, ALBERTO DEL: «Il realismo di *La casa de Bernarda Alba*», *Belfagor*, vol. XX (marzo de 1965), págs. 130-148.
    Estudia los símbolos en *La casa de Bernarda Alba*. Cree ver en la obra un reflejo del momento histórico-social, es decir, un reflejo realista y político.

18. PÉREZ MARCHAND, MONELISA LINA: «Apuntes sobre el concepto de la tragedia en la obra dramática de García Lorca», *Asomante*, vol. 4 (1948), págs. 86-96.
    Analiza por qué *Bodas de sangre*, *Yerma* y *La casa de Bernarda Alba*, a pesar de contener elementos de la tragedia griega no tienen —en su opinión— la trascendencia de aquélla.

19. RINCÓN, CARLOS: «*La casa de Bernarda Alba* de Federico García Lorca», en Bahner, Werner (editor), *Beiträge zur französischen Aufklärung und zur Spanischen Literatur: Festgabe für Werner Krauss zum 70. Geburtstag*, Berlín, Akademi-Verlag, 1971, páginas. 555-584.
    Afirma que en *La casa de Bernarda Alba* hay una condenación de la sociedad feudal. Cree ver una nueva sociedad anunciada en Adela y María Josefa.

20. RÍO, ÁNGEL DEL: «Federico García Lorca (1899-1936)», *Revista Hispánica Moderna*, VI, núms. 3 y 4 (julio y octubre de 1940), págs. 193-260. Publicado después como libro.
    Éste es el primer estudio importante que apareció después de la muerte de Lorca. Contiene la famosa cita de Salazar. Aunque tiene errores, el estudio es interesante y útil. Respecto a *La casa de Bernarda Alba*, se limita a la cita de Salazar.

21. RUBIA BARCIA, J.: «El realismo 'mágico' de *La casa de Bernarda Alba*», *Revista Hispánica Moderna* (Homenaje a Ángel del Río), vol. XXXI (1965), págs. 385-398.

Considera *La casa de Bernarda Alba* «no sólo la obra más lograda y profunda del teatro español moderno, sino también la más poética y más universal de toda la producción dramática de García Lorca» (pág. 386).

22. SÁNCHEZ, ROBERTO G.: «La última manera dramática de García Lorca (hacia una clarificación de lo social) en su teatro», *Papeles de Son Armadans*, 60 (1971), págs. 83-102.

Afirma que *La casa de Bernarda Alba* es teatro de crítica social de inspiración «ibseniana». El artículo está documentado con declaraciones de Lorca a la prensa.

23. TOLEDANO, JERÓNIMO: «Un año de teatro: 1950», *Clavileño*, núm. 7 (enero-febrero de 1951), págs. 49-54.

Interesantes comentarios en referencia al estreno de *La casa de Bernarda Alba* por el grupo teatral «La Carátula», en 1950.

24. WELLS, C. MICHAEL: «The Natural Norm in the Plays of Federico García Lorca», *Hispanic Review*, 38 (1970), págs. 299-313.

Según este crítico el recurrente contraste entre las normas naturales y las situaciones vitales, es lo que da unidad temática al teatro lorquiano.

25. YOUNG, R. A.: «García Lorca's *La casa de Bernarda Alba*: A Microcosm of Spanish Culture», *Modern Languages*, L (junio de 1969), págs. 66-72.

Según su juicio, *La casa de Bernarda Alba* representa gráficamente la condición de España al borde de su contienda civil.

La casa
de Bernarda Alba

DRAMA DE MUJERES EN LOS PUEBLOS DE ESPAÑA

PERSONAJES[1]

BERNARDA (60 años)
MARÍA JOSEFA (madre de Bernarda, 80 años)
ANGUSTIAS (hija de Bernarda, 39 años)
MAGDALENA (hija de Bernarda, 30 años)
AMELIA (hija de Bernarda, 27 años)
MARTIRIO (hija de Bernarda, 24 años)

ADELA (hija de Bernarda, 20 años)
LA PONCIA (criada, 60 años)
CRIADA (50 años)
PRUDENCIA (50 años)
MENDIGA
MUJER 1.ª
MUJER 2.ª
MUJER 3.ª
MUJER 4.ª
MUCHACHAS
MUJERES DE LUTO

El poeta advierte que estos tres actos tienen la intención de un documental fotográfico

---

[1] Hemos reseñado en nuestro estudio la existencia real de la familia Alba. Por tanto, este es el punto de arranque de la elaboración literaria de Lorca. Como es natural, los rasgos de los personajes se apartan de esa base real, confirmada por el hermano del poeta, Francisco García Lorca, quien cree, además, que si la obra se hubiese estrenado en vida de Federico, éste hubiese cambiado los nombres. La búsqueda de valores simbólicos en los nombres de los personajes, llevada a cabo por algunos investigadores, se vuelve así bastante problemática.

Acto primero

Habitación blanquísima del interior de la casa de Bernarda. Muros gruesos. Puertas con cortinas de yute rematadas con madroños y volantes. Sillas de anea. Cuadros con paisajes inverosímiles de ninfas o reyes de leyenda[2]. Es verano. Un gran silencio umbroso se extiende por la escena. Al levantarse el telón está la escena sola. Se oyen doblar las campanas. Sale la CRIADA

CRIADA

Ya tengo el doble de esas campanas metido entre las sienes.

LA PONCIA. *(Sale comiendo chorizo y pan.)*

Llevan ya más de dos horas de gori-gori[3]. Han venido curas de todos los pueblos. La iglesia está hermosa. En el primer responso se desmayó la Magdalena.

CRIADA

Es la que se queda más sola.

LA PONCIA

Era la única que quería al padre. ¡Ay! ¡Gracias a Dios que estamos solas un poquito! Yo he venido a comer.

---

[2] Litografías iluminadas de este tipo no eran infrecuentes en Andalucía, sobre todo en casas de pueblo.

[3] Voz onomatopéyica y burlesca que imita los cantos en latín del funeral que se está celebrando.

116

CRIADA
¡Si te viera Bernarda!...

LA PONCIA
¡Quisiera que ahora, como no come ella, que todas nos muriéramos de hambre! ¡Mandona! ¡Dominanta! ¡Pero se fastidia! Le he abierto la orza de los chorizos.

CRIADA *(Con tristeza, ansiosa.)*
¿Por qué no me das para mi niña, Poncia?

LA PONCIA
Entra y llévate también un puñado de garbanzos. ¡Hoy no se dará cuenta!

VOZ. *(Dentro.)*
¡Bernarda!

LA PONCIA
La vieja. ¿Está bien cerrada?

CRIADA
Con dos vueltas de llave.

LA PONCIA
Pero debes poner también la tranca. Tiene unos dedos como cinco ganzúas.

VOZ
¡Bernarda!

LA PONCIA. *(A voces.)*
¡Ya viene! *(A la* CRIADA.) Limpia bien todo. Si Bernarda no ve relucientes las cosas me arrancará los pocos pelos que me quedan.

CRIADA
¡Qué mujer!

LA PONCIA

Tirana de todos los que la rodean. Es capaz de sentarse encima de tu corazón y ver cómo te mueres durante un año sin que se le cierre esa sonrisa fría que lleva en su maldita cara. ¡Limpia, limpia ese vidriado!

CRIADA

Sangre en las manos tengo de fregarlo todo.

LA PONCIA

Ella, la más aseada; ella la más decente, ella la más alta. ¡Buen descanso ganó su pobre marido!

(Cesan las campanas.)

CRIADA

¿Han venido todos sus parientes?

LA PONCIA

Los de ella. La gente de él la odia. Vinieron a verlo muerto y le hicieron la cruz.

CRIADA

¿Hay bastantes sillas?

LA PONCIA

Sobran. Que se sienten en el suelo. Desde que murió el padre de Bernarda no han vuelto a entrar las gentes bajo estos techos. Ella no quiere que la vean en su dominio. ¡Maldita sea!

CRIADA

Contigo se portó bien.

LA PONCIA

Treinta años lavando sus sábanas; treinta años comiendo sus sobras; noches en vela cuando tose, días enteros mirando por la rendija para espiar a los vecinos y llevarle el cuento; vida sin secretos una con otra, y sin embargo, ¡maldita sea! ¡Mal dolor de clavo le pinche en los ojos!

CRIADA
    ¡Mujer!

LA PONCIA
    Pero yo soy buena perra; ladro cuando me lo dicen y
    muerdo los talones de los que piden limosna cuando ella
    me azuza; mis hijos trabajan en sus tierras y ya están los
    dos casados, pero un día me hartaré.

CRIADA
    Y ese día...

LA PONCIA
    Ese día me encerraré con ella en un cuarto y le estaré es-
    cupiendo un año entero. «Bernarda, por esto, por aquello,
    por lo otro», hasta ponerla como un lagarto machacado
    por los niños, que es lo que es ella y toda su parentela. Cla-
    ro es que no le envidio la vida. La⁴ quedan cinco mujeres,
    cinco hijas feas, que quitando Angustias, la mayor, que es
    la hija del primer marido y tiene dineros, las demás, mu-
    cha puntilla bordada, muchas camisas de hilo, pero pan y
    uvas por toda herencia.

CRIADA
    ¡Ya quisiera tener yo lo que ellas!

LA PONCIA
    Nosotras tenemos nuestras manos y un hoyo en la tierra
    de la verdad.

CRIADA
    Esa es la única tierra que nos dejan a las que no tenemos
    nada.

LA PONCIA, *(En la alacena.)*
    Este cristal tiene unas motas.

---

⁴ Evidente laísmo que respetamos.

119

CRIADA
Ni con jabón ni con bayeta se le quitan.
(Suenan las campanas.)

LA PONCIA
El último responso. Me voy a oírlo. A mí me gusta mucho cómo canta el párroco. En el «Pater Noster» subió, subió la voz que parecía un cántaro de agua llenándose poco a poco; claro es que al final dio un gallo; pero da gloria oírlo. Ahora que nadie como el antiguo sacristán Tronchapinos[5]. En la misa de mi madre, que esté en gloria, cantó. Retumbaban las paredes, y cuando decía Amén era como si un lobo hubiese entrado en la iglesia. *(Imitándolo.)* ¡Améé-én! *(Se echa a toser.)*

CRIADA
Te vas a hacer el gaznate polvo.

LA PONCIA
¡Otra cosa hacía polvo yo! *(Sale riendo.)*
(La CRIADA *limpia. Suenan las campanas.)*

CRIADA. *(Llevando el canto.)*
Tin, tin, tan. Tin, tin, tan. ¡Dios lo haya perdonado!

MENDIGA. *(Con una niña.)*
¡Alabado sea Dios!

CRIADA
Tin, tin, tan. ¡Que nos espere muchos años! Tin, tin, tan.

MENDIGA. *(Fuerte y con cierta irritación.)*
¡Alabado sea Dios!

CRIADA. *(Irritada.)*
¡Por siempre!

---

[5] Según Francisco García Lorca, Tronchapinos era un famoso sacristán de Granada muy conocido por la gran voz con que cantaba.

MENDIGA
Vengo por las sobras.
(Cesan las campanas.)

CRIADA
Por la puerta se va a la calle. Las sobras de hoy son para mí.

MENDIGA
Mujer, tú tienes quien te gane. ¡Mi niña y yo estamos solas!

CRIADA
También están solos los perros y viven.

MENDIGA
Siempre me las dan.

CRIADA
Fuera de aquí. ¿Quién os dijo que entraseis? Ya me habéis dejado los pies señalados. *(Se van. Limpia.)* Suelos barnizados con aceite, alacenas, pedestales, camas de acero, para que traguemos quina las que vivimos en las chozas de tierra con un plato y una cuchara. Ojalá que un día no quedáramos ni uno para contarlo. *(Vuelven a sonar las campanas.)* Sí, sí, ¡vengan clamores! ¡Venga caja con filos dorados y toalla para llevarla! ¡Que lo mismo estarás tú que estaré yo! Fastídiate, Antonio María Benavides[6], tieso con tu traje de paño y tus botas enterizas. ¡Fastídiate! ¡Ya no volverás a levantarme las enaguas detrás de la puerta de tu corral! *(Por el fondo, de dos en dos, empiezan a entrar* MUJERES DE LUTO, *con pañuelos grandes, faldas y abanicos negros. Entran lentamente hasta llenar la escena. La* CRIADA, *rompiendo a gritar.)* ¡Ay Antonio María Benavides, que ya no verás estas paredes ni comerás el pan de esta casa! Yo fui la que más te quiso de las que te sirvieron. *(Tirándose del cabello.)* ¿Y he de vivir yo después de haberte marchado? ¿Y he de vivir?

---

[6] También hay una base real para este personaje. Cfr. nota 1.

(Terminan de entrar las doscientas MUJERES[7] *y aparece* BERNARDA *y sus cinco* HIJAS.)

BERNARDA. *(A la* CRIADA.)
→ ¡Silencio!

CRIADA *(Llorando.)*
¡Bernarda!

BERNARDA
Menos gritos y más obras. Debías haber procurado que todo esto estuviera más limpio para recibir al duelo. Vete. No es este tu lugar. *(La* CRIADA *se va llorando.)* Los pobres son como los animales; parece como si estuvieran hechos de otras sustancias.

MUJER 1.ª
Los pobres sienten también sus penas.

BERNARDA
Pero las olvidan delante de un plato de garbanzos.

MUCHACHA. *(Con timidez.)*
Comer es necesario para vivir.

BERNARDA
→ A tu edad no se habla delante de las personas mayores.

MUJER 1.ª
Niña, cállate.

BERNARDA
No he dejado que nadie me dé lecciones. Sentarse. *(Se sientan. Pausa. Fuerte.)* Magdalena, no llores; si quieres llorar te metes debajo de la cama. ¿Me has oído?

---

[7] El uso literario de los números lo nota Margarita Xirgu cuando afirma: «En una acotación que retrata al pobre Federico dice 'salen doscientas mujeres'.» *Apud*, Antonina Rodrigo, *Margarita Xirgu y su teatro*, pág. 269.

MUJER 2.ª (*A* BERNARDA.)
¿Habéis empezado los trabajos en la era?

BERNARDA
Ayer.

MUJER 3.ª
Cae el sol como plomo.

MUJER 1.ª
Hace años no he conocido calor igual.
(Pausa. Se abanican todas.)

BERNARDA
¿Está hecha la limonada?

LA PONCIA
Sí, Bernarda. *(Sale con una gran bandeja llena de jarritas blancas, que distribuye.)*

BERNARDA
Dale a los hombres.

LA PONCIA
Ya están tomando en el patio.

BERNARDA
Que salgan por donde han entrado. No quiero que pasen por aquí.

MUCHACHA. (*A* ANGUSTIAS.)
Pepe el Romano[8] estaba con los hombres del duelo.

ANGUSTIAS
Allí estaba.

---

[8] Pepe el Romano se basa en el personaje real Pepe de Romilla. Romilla la Nueva es un pueblo cercano a Valderrubio, a unos 12 kilómetros al sur. Cfr. la diferencia de connotación entre Romano y Romilla.

BERNARDA
Estaba su madre. Ella ha visto a su madre. A Pepe no lo ha visto ella ni yo.

MUCHACHA
Me pareció...

BERNARDA
Quien sí estaba era el viudo de Darajalí[9]. Muy cerca de tu tía. A ese lo vimos todas.

MUJER 2.ª *(Aparte, en voz baja.)*
¡Mala, más que mala!

MUJER 3.ª *(Lo mismo.)*
¡Lengua de cuchillo!

BERNARDA
Las mujeres en la iglesia no deben de mirar más hombre que al oficiante, y ese porque tiene faldas. Volver la cabeza es buscar el calor de la pana.

MUJER 1.ª *(En voz baja.)*
¡Vieja lagarta recocida!

(Entre dientes.)
¡Sarmentosa[10] por calentura de varón!

BERNARDA
¡Alabado sea Dios!

TODAS. *(Santiguándose.)*
Sea por siempre bendito y alabado.

---

[9] Según Francisco García Lorca, Darajalí es un lugar cerca de Fuentevaqueros.

[10] Poderosa imagen la que evoca el adjetivo, en fuerte contraste con el comienzo de la letanía.

BERNARDA
	¡Descansa en paz con la santa
	compaña[11] de cabecera!

TODAS
	¡Descansa en paz!

BERNARDA
	Con el ángel San Miguel
	y su espada justiciera.

TODAS
	¡Descansa en paz!

BERNARDA
	Con la llave que todo lo abre
	y la mano que todo lo cierra.

TODAS
	¡Descansa en paz!

BERNARDA
	Con los bienaventurados
	y las lucecitas del campo.

TODAS
	¡Descansa en paz!

BERNARDA
	Con nuestra santa caridad
	y las almas de tierra y mar.

TODAS
	¡Descansa en paz!

---

[11] Letanía inventada por Lorca, así como las diversas fórmulas de pésame. Aunque la santa compañía o cortejo de almas en pena es conocida en Andalucía, está más arraigada en la vida y literatura de Galicia. Véase, por ejemplo, *Romance de lobos,* de Valle-Inclán.

BERNARDA
Concede el reposo a tu siervo Antonio María Benavides
y dale la corona de tu santa gloria.

TODAS
Amén.

BERNARDA. *(Se pone en pie y canta.)*
«Requiem aeternam dona eis Domine.»

TODAS. *(De pie y cantando al modo gregoriano.)*
«Et lux perpetua luceat eis.» *(Se santiguan.)*

MUJER 1.ª
Salud para rogar por su alma. *(Van desfilando.)*

MUJER 3.ª
No te faltará la hogaza de pan caliente.

MUJER 2.ª
Ni el techo para tus hijas. *(Van desfilando todas por delante de*
BERNARDA *y saliendo.)*
(Sale ANGUSTIAS *por otra puerta que da al patio.)*

MUJER 4.ª
El mismo trigo de tu casamiento lo sigas disfrutando.

LA PONCIA. *(Entrando con una bolsa.)*
De parte de los hombres esta bolsa de dineros para res-
ponsos.

BERNARDA
Dales las gracias y échales una copa de aguardiente.

MUCHACHA. *(A* MAGDALENA.)
Magdalena...

BERNARDA. *(A* MAGDALENA, *que inicia el llanto.)*
Chiss. *(Salen todas. A las que se han ido.)* ¡Andar a vuestras

126

casas a criticar todo lo que habéis visto! ¡Ojalá tardéis muchos años en pasar el arco de mi puerta!

LA PONCIA

No tendrás queja ninguna. Ha venido todo el pueblo.

BERNARDA

Sí; para llenar mi casa con el sudor de sus refajos y el veneno de sus lenguas.

AMELIA

¡Madre, no hable usted así!

BERNARDA

Es así como se tiene que hablar en este maldito pueblo sin río, pueblo de pozos, donde siempre se bebe el agua con el miedo de que esté envenenada.

LA PONCIA

¡Cómo han puesto la solería!

BERNARDA

Igual que si hubiese pasado por ella una manada de cabras. (LA PONCIA *limpia el suelo.*) Niña, dame el abanico.

ADELA

Tome usted. *(Le da un abanico redondo con flores rojas y verdes.)*

BERNARDA. *(Arrojando el abanico al suelo.)*

¿Es este el abanico que se da a una viuda? Dame uno negro y aprende a respetar el luto de tu padre.

MARTIRIO

Tome usted el mío.

BERNARDA

¿Y tú?

127

MARTIRIO

Yo no tengo calor.

BERNARDA

Pues busca otro, que te hará falta. En ocho años que dure el luto[12] no ha de entrar en esta casa el viento de la calle. Hacemos cuenta que hemos tapiado con ladrillos puertas y ventanas. Así pasó en casa de mi padre y en casa de mi abuelo. Mientras, podéis empezar a bordar el ajuar. En el arca tengo veinte piezas de hilo con el que podréis cortar sábanas y embozos. Magdalena puede bordarlas.

MAGDALENA

Lo mismo me da.

ADELA. (Agria.)

Si no quieres bordarlas, irán sin bordados. Así las tuyas lucirán más.

MAGDALENA

Ni las mías ni las vuestras. Sé que yo no me voy a casar. Prefiero llevar sacos al molino. Todo menos estar sentada días y días dentro de esta sala oscura.

BERNARDA

Esto tiene ser mujer.

MAGDALENA

Malditas sean las mujeres.

BERNARDA

Aquí se hace lo que yo mando. Ya no puedes ir con el cuento a tu padre. Hilo y aguja para las hembras. Látigo y mula para el varón[13]. Eso tiene la gente que nace con posibles. (Sale ADELA.)

---

[12] Otra probable exageración numérica de Lorca. No es costumbre general que el luto dure ocho años.

[13] Es necesario tener en cuenta que a pesar de que estas frases suenen a proverbio, son invenciones literarias de Lorca que responden perfectamente

VOZ
¡Bernarda! ¡Déjame salir!

BERNARDA. *(En voz alta.)*
¡Dejadla ya!
(Sale la CRIADA.*)*

CRIADA
Me ha costado mucho sujetarla. A pesar de sus ochenta
años, tu madre es fuerte como un roble.

BERNARDA
Tiene a quien parecerse. Mi abuelo fue igual.

CRIADA
Tuve durante el duelo que taparle varias veces la boca con
un costal vacío porque quería llamarte para que le dieras
agua de fregar siquiera para beber, y carne de perro, que es
lo que ella dice que tú le das.

MARTIRIO
¡Tiene mala intención!

BERNARDA. *(A la* CRIADA.*)*
Dejadla que se desahogue en el patio.

CRIADA
Ha sacado del cofre sus anillos y los pendientes de amatis-
ta; se los ha puesto, y me ha dicho que se quiere casar.
(Las HIJAS *ríen.)*

BERNARDA
Ve con ella y ten cuidado que no se acerque al pozo.

_____

a la sociedad andaluza del campo y sobre todo para la que no «nace con posibles».

CRIADA
No tengas miedo que se tire.

BERNARDA
No es por eso... Pero desde aquel sitio las vecinas pueden
verla desde su ventana.
(Sale la CRIADA.)

MARTIRIO
Nos vamos a cambiar de ropa.

BERNARDA
Sí, pero no el pañuelo de la cabeza. *(Entra* ADELA.) ¿Y Angustias?

ADELA. *(Con intención.)*
→ La he visto asomada a las rendijas del portón. Los hombres se acaban de ir.

BERNARDA
¿Y tú a qué fuiste también al portón?

ADELA
Me llegué a ver si habían puesto las gallinas.

BERNARDA
¡Pero el duelo de los hombres habría salido ya!

ADELA. *(Con intención.)*
Todavía estaba un grupo parado por fuera.

BERNARDA. *(Furiosa.)*
¡Angustias! ¡Angustias!

ANGUSTIAS. *(Entrando.)*
¿Qué manda usted?

BERNARDA
¿Qué mirabas y a quién?

130

ANGUSTIAS
   A nadie.

BERNARDA
   ¿Es decente que una mujer de tu clase vaya con el anzue-
lo detrás de un hombre el día de la misa de su padre?
¡Contesta! ¿A quién mirabas?
(Pausa.)

ANGUSTIAS
   Yo...

BERNARDA
   ¡Tú!

ANGUSTIAS
   ¡A nadie!

BERNARDA. *(Avanzando y golpeándola.)*
   ¡Suave! ¡Dulzarrona!

LA PONCIA *(Corriendo.)*
   ¡Bernarda, cálmate! *(La sujeta.)*
(ANGUSTIAS llora.)

BERNARDA
   ¡Fuera de aquí todas! *(Salen.)*

LA PONCIA
   Ella lo ha hecho sin dar alcance a lo que hacía, que está
francamente mal. Ya me chocó a mí verla escabullirse hacia el patio. Luego estuvo detrás de una ventana oyendo la
conversación que traían los hombres, que, como siempre,
no se puede oír.

BERNARDA
   A eso vienen a los duelos. *(Con curiosidad.)* ¿De qué hablaban?

131

LA PONCIA

Hablaban de Paca la Roseta[14]. Anoche ataron a su marido a un pesebre y a ella se la llevaron en la grupa del caballo hasta lo alto del olivar.

BERNARDA

¿Y ella?

LA PONCIA

Ella, tan conforme. Dicen que iba con los pechos fuera y Maximiliano la llevaba cogida como si tocara la guitarra. ¡Un horror!

BERNARDA

¿Y qué pasó?

LA PONCIA

Lo que tenía que pasar. Volvieron casi de día. Paca la Roseta traía el pelo suelto y una corona de flores en la cabeza.

BERNARDA

Es la única mujer mala que tenemos en el pueblo.

LA PONCIA

Porque no es de aquí. Es de muy lejos. Y los que fueron con ella son también hijos de forasteros. Los hombres de aquí no son capaces de eso.

BERNARDA

No; pero les gusta verlo y comentarlo y se chupan los dedos de que esto ocurra.

LA PONCIA

Contaban muchas cosas más.

---

[14] El hermano del dramaturgo afirma que existió Paca la Roseta, aunque el hecho que se le atribuye sea una invención literaria. Cfr. nota 1.

BERNARDA. *(Mirando a un lado y otro con cierto temor.)*
¿Cuáles?

LA PONCIA
Me da vergüenza referirlas.

BERNARDA
¿Y mi hija las oyó?

LA PONCIA
¡Claro!

BERNARDA
Esa sale a sus tías; blandas y untuosas y que ponían los ojos de carnero al piropo de cualquier barberillo. ¡Cuánto hay que sufrir y luchar para hacer que las personas sean decentes y no tiren al monte[15] demasiado!

LA PONCIA
¡Es que tus hijas están ya en edad de merecer! Demasiado poca guerra te dan. Angustias ya debe tener mucho más de los treinta.

BERNARDA
Treinta y nueve justos.

LA PONCIA
Figúrate. Y no ha tenido nunca novio...

BERNARDA. *(Furiosa.)*
¡No ha tenido novio ninguna ni les hace falta! Pueden pasarse muy bien.

LA PONCIA
No he querido ofenderte.

---

[15] La locución se basa en un conocido refrán y es adecuada como imagen al mundo dramático en que viven las hijas de Bernarda Alba y a la idea clave de la obra.

BERNARDA

No hay en cien leguas a la redonda quien se pueda acercar a ellas. Los hombres de aquí no son de su clase. ¿Es que quieres que las entregue a cualquier gañán?

LA PONCIA

Debías haberte ido a otro pueblo.

BERNARDA

Eso. ¡A venderlas!

LA PONCIA

No, Bernarda, a cambiar... Claro que en otros sitios ellas resultan las pobres.

BERNARDA

¡Calla esa lengua atormentadora!

LA PONCIA

Contigo no se puede hablar. ¿Tenemos o no tenemos confianza?

BERNARDA

No tenemos. Me sirves y te pago. ¡Nada más!

CRIADA. *(Entrando.)*

Ahí está don Arturo, que viene a arreglar las particiones.

BERNARDA

Vamos. *(A la* CRIADA.*)* Tú empieza a blanquear el patio. *(A* LA PONCIA.*)* Y tú ve guardando en el arca grande toda la ropa del muerto.

LA PONCIA

Algunas cosas las podíamos dar.

BERNARDA

Nada, ¡ni un botón! Ni el pañuelo con que le hemos tapado la cara. *(Sale lentamente y al salir vuelve la cabeza y mira a sus* CRIADAS.*)*

(Las CRIADAS *salen después. Entran* AMELIA *y* MARTIRIO.*)*

134

AMELIA
¿Has tomado la medicina?

MARTIRIO
¡Para lo que me va a servir!

AMELIA
Pero la has tomado.

MARTIRIO
Yo hago las cosas sin fe, pero como un reloj.

AMELIA
Desde que vino el médico nuevo estás más animada.

MARTIRIO
Yo me siento lo mismo.

AMELIA
¿Te fijaste? Adelaida no estuvo en el duelo.

MARTIRIO
Ya lo sabía. Su novio no la deja salir ni al tranco de la calle. Antes era alegre; ahora ni polvos se echa en la cara.

AMELIA
Ya no sabe una si es mejor tener novio o no.

MARTIRIO
Es lo mismo.

AMELIA
De todo tiene la culpa esta crítica que no nos deja vivir.
Adelaida habrá pasado mal rato.

MARTIRIO
Le tiene miedo a nuestra madre. Es la única que conoce la
historia de su padre y el origen de sus tierras. Siempre que
viene le tira puñaladas en el asunto. Su padre mató en

135

Cuba al marido de su primera mujer para casarse con ella. Luego aquí la abandonó y se fue con otra que tenía una hija y luego tuvo relaciones con esta muchacha, la madre de Adelaida, y se casó con ella después de haber muerto loca la segunda mujer[16].

AMELIA

Y ese infame, ¿por qué no está en la cárcel?

MARTIRIO

Porque los hombres se tapan unos a otros las cosas de esta índole y nadie es capaz de delatar.

AMELIA

Pero Adelaida no tiene culpa de esto.

MARTIRIO

No. Pero las cosas se repiten. Y veo que todo es una terrible repetición. Y ella tiene el mismo sino de su madre y de su abuela, mujeres las dos del que la engendró.

AMELIA

¡Qué cosa más grande!

MARTIRIO

Es preferible no ver a un hombre nunca. Desde niña les tuve miedo. Los veía en el corral uncir los bueyes y levantar los costales de trigo entre voces y zapatazos y siempre tuve miedo de crecer por temor de encontrarme de pronto abrazada por ellos. Dios me ha hecho débil y fea y los ha apartado definitivamente de mí.

AMELIA

¡Eso no digas! Enrique Humanas[17] estuvo detrás de ti y le gustabas.

---

[16] Francisco García Lorca recuerda que esta historia tiene «cierta base real».
[17] Cfr. nota 1.

MARTIRIO
¡Invenciones de la gente! Una vez estuve en camisa detrás de la ventana hasta que fue de día porque me avisó con la hija de su gañán que iba a venir y no vino. Fue todo cosa de lenguas. Luego se casó con otra que tenía más que yo.

AMELIA
¡Y fea como un demonio!

MARTIRIO
¡Qué les importa a ellos la fealdad! A ellos les importa la tierra, las yuntas, y una perra sumisa que les dé de comer.

AMELIA
¡Ay! *(Entra* MAGDALENA.)

MAGDALENA
¿Qué hacéis?

MARTIRIO
Aquí.

AMELIA
¿Y tú?

MAGDALENA
Vengo de correr las cámaras. Por andar un poco. De ver los cuadros bordados de cañamazo de nuestra abuela, el perrito de lanas y el negro luchando con el león, que tanto nos gustaba de niñas. Aquella era una época más alegre. Una boda duraba diez días y no se usaban las malas lenguas. Hoy hay más finura, las novias se ponen de velo blanco como en las poblaciones y se bebe vino de botella, pero nos pudrimos por el qué dirán.

MARTIRIO
¡Sabe Dios lo que entonces pasaría!

AMELIA *(A* MAGDALENA.)
Llevas desabrochados los cordones de un zapato.

137

MAGDALENA
¡Qué más da!

AMELIA
Te los vas a pisar y te vas a caer.

MAGDALENA
¡Una menos!

MARTIRIO
¿Y Adela?

MAGDALENA
¡Ah! Se ha puesto el traje verde que se hizo para estrenar el día de su cumpleaños, se ha ido al corral y ha comenzado a voces: «¡Gallinas! ¡Gallinas, miradme!» ¡Me he tenido que reír!

AMELIA
¡Si la hubiera visto madre![18].

MAGDALENA
¡Pobrecilla! Es la más joven de nosotras y tiene ilusión. Daría algo por verla feliz.
(Pausa. ANGUSTIAS *cruza la escena con unas toallas en la mano.)*

ANGUSTIAS
¿Qué hora es?

MAGDALENA
Ya deben ser las doce.

ANGUSTIAS
¿Tanto?

---

[18] La falta de artículo con el sustantivo *madre* tiene todavía hoy cierta connotación rural. Es una entrada del lenguaje afectivo en el discursivo, que hoy cumplen palabras como *mamá, papá*, etc.

AMELIA *apart to avive*
Estarán al caer.
(Sale ANGUSTIAS.)

MAGDALENA. *(Con intención.)*
¿Sabéis ya la cosa? *(Señalando a* ANGUSTIAS.)

AMELIA
No.

MAGDALENA
¡Vamos!

MARTIRIO
No sé a qué cosa te refieres...

MAGDALENA
Mejor que yo lo sabéis las dos. Siempre cabeza con cabeza como dos ovejitas, pero sin desahogarse con nadie. ¡Lo
de Pepe el Romano! *tell trouble*

MARTIRIO
¡Ah!

MAGDALENA. *(Remedándola.)*
¡Ah! Ya se comenta por el pueblo. Pepe el Romano viene
a casarse con Angustias. Anoche estuvo rondando la casa
y creo que pronto va a mandar un emisario.

MARTIRIO
Yo me alegro. Es buen mozo. *young guy*

AMELIA
Yo también. Angustias tiene buenas condiciones.

MAGDALENA
Ninguna de las dos os alegráis.

MARTIRIO
¡Magdalena! ¡Mujer!

139

MAGDALENA

Si viniera por el tipo de Angustias, por Angustias como mujer yo me alegraría; pero viene por el dinero. Aunque Angustias es nuestra hermana, aquí estamos en familia y reconocemos que está vieja, enfermiza, y que siempre ha sido la que ha tenido menos méritos de todas nosotras. Porque si con veinte años parecía un palo vestido, ¡qué será ahora que tiene cuarenta!

MARTIRIO

No hables así. La suerte viene a quien menos la aguarda.

AMELIA

¡Después de todo dice la verdad! ¡Angustias tiene todo el dinero de su padre, es la única rica de la casa y por eso ahora que nuestro padre ha muerto y ya se harán particiones viene por ella!

MAGDALENA

Pepe el Romano tiene veinticinco años y es el mejor tipo de todos estos contornos. Lo natural sería que te pretendiera a ti, Amelia, o a nuestra Adela, que tiene veinte años, pero no que venga a buscar lo más oscuro de esta casa, a una mujer que, como su padre, habla con las narices.

MARTIRIO

¡Puede que a él le guste!

MAGDALENA

¡Nunca he podido resistir tu hipocresía!

MARTIRIO

¡Dios me valga!

(Entra ADELA.)

MAGDALENA

¿Te han visto ya las gallinas?

ADELA

¿Y qué queríais que hiciera?

140

AMELIA
¡Si te ve nuestra madre te arrastra del pelo!

ADELA
Tenía mucha ilusión con el vestido. Pensaba ponérmelo el día que vamos a comer sandías a la noria. No hubiera habido otro igual.

MARTIRIO
Es un vestido precioso.

ADELA
Y que me está muy bien. Es lo mejor que ha cortado Magdalena.

MAGDALENA
¿Y las gallinas qué te han dicho?

ADELA
Regalarme unas cuantas pulgas que me han acribillado las piernas. *(Ríen.)*

MARTIRIO
Lo que puedes hacer es teñirlo de negro.

MAGDALENA
Lo mejor que puedes hacer es regalárselo a Angustias para la boda con Pepe el Romano.

ADELA. *(Con emoción contenida.)*
Pero Pepe el Romano...

AMELIA
¿No lo has oído decir?

ADELA
No.

MAGDALENA
¡Pues ya lo sabes!

141

ADELA

¡Pero si no puede ser!

MAGDALENA

¡El dinero lo puede todo!

ADELA

¿Por eso ha salido detrás del duelo y estuvo mirando por el portón? *(Pausa.)* Y ese hombre es capaz de...

MAGDALENA

Es capaz de todo.
(Pausa.)

MARTIRIO

¿Qué piensas, Adela?

ADELA

Pienso que este luto me ha cogido en la peor época de mi vida para pasarlo.

MAGDALENA

Ya te acostumbrarás.

ADELA. *(Rompiendo a llorar con ira.)*

No me acostumbraré. Yo no puedo estar encerrada. No quiero que se me pongan las carnes como a vosotras; no quiero perder mi blancura en estas habitaciones; mañana me pondré mi vestido verde y me echaré a pasear por la calle. ¡Yo quiero salir!
(Entra la CRIADA.*)*

MAGDALENA. *(Autoritaria.)*

¡Adela!

CRIADA

¡La pobre! Cuánto ha sentido a su padre... *(Sale.)*

MARTIRIO

¡Calla!

142

AMELIA
Lo que sea de una será de todas.
(ADELA *se calma.*)

MAGDALENA
Ha estado a punto de oírte la criada.
(Aparece la CRIADA.)

CRIADA
Pepe el Romano viene por lo alto de la calle.
(AMELIA, MARTIRIO *y* MAGDALENA *corren presurosas.)*

MAGDALENA
¡Vamos a verlo! *(Salen rápidas.)*

CRIADA. *(A* ADELA.)
¿Tú no vas?

ADELA
No me importa.

CRIADA
Como dará la vuelta a la esquina, desde la ventana de tu
cuarto se verá mejor. *(Sale.)*
(ADELA *queda en escena dudando; después de un instante se va también rápida hasta su habitación. Salen* BERNARDA *y* LA PONCIA.)

BERNARDA
¡Malditas particiones!

LA PONCIA
¡Cuánto dinero le queda a Angustias!

BERNARDA.
Sí.

LA PONCIA
Y a las otras, bastante menos.

BERNARDA
Ya me lo has dicho tres veces y no te he querido replicar.
Bastante menos, mucho menos. No me lo recuerdes más.
(Sale ANGUSTIAS *muy compuesta de cara.)*

BERNARDA
¡Angustias!

ANGUSTIAS
Madre.

BERNARDA
¿Pero has tenido valor de echarte polvos en la cara? ¿Has
tenido valor de lavarte la cara el día de la muerte de tu
padre?

ANGUSTIAS
No era mi padre. El mío murió hace tiempo. ¿Es que ya
no lo recuerda usted?

BERNARDA
Más debes a este hombre, padre de tus hermanas, que al
tuyo. Gracias a este hombre tienes colmada tu fortuna.

ANGUSTIAS
¡Eso lo teníamos que ver!

BERNARDA
Aunque fuera por decencia. ¡Por respeto!

ANGUSTIAS
Madre, déjeme usted salir.

BERNARDA
¿Salir? Después de que te hayas quitado esos polvos de la
cara. ¡Suavona! ¡Yeyo![19]. ¡Espejo de tus tías! *(Le quita vio-*
lentamente con un pañuelo los polvos.) ¡Ahora, vete!

---

[19] Palabra, al parecer, existente tan sólo en el círculo de la familia García
Lorca. Tiene el valor de «mujer muy pintada, especialmente de blanco».

144

LA PONCIA
¡Bernarda, no seas tan inquisitiva!

BERNARDA
Aunque mi madre esté loca, yo estoy en mis cinco senti-
dos y sé perfectamente lo que hago.
(Entran todas.)

MAGDALENA
¿Qué pasa?

BERNARDA
No pasa nada.

MAGDALENA. *(A* ANGUSTIAS.*)*
Si es que discuten por las particiones, tú que eres la más
rica te puedes quedar con todo.

ANGUSTIAS
Guárdate la lengua en la madriguera.

BERNARDA. *(Golpeando en el suelo.)*
No os hagáis ilusiones de que vais a poder conmigo. ¡Has-
ta que salga de esta casa con los pies delante mandaré en
lo mío y en lo vuestro!
(Se oyen unas voces y entra en escena MARÍA JOSEFA, *la madre de*
BERNARDA, *viejísima, ataviada con flores en la cabeza y en el pecho.)*

MARÍA JOSEFA
Bernarda, ¿dónde está mi mantilla? Nada de lo que tengo
quiero que sea para vosotras. Ni mis anillos ni mi traje negro de «moaré»[20]. Porque ninguna de vosotras se va a casar. ¡Ninguna! Bernarda, dame mi gargantilla de perlas.

---

[20] Tela lujosa y fuerte que forma aguas. En el poema «Muerte de la pete-
nera» se lee:

> Bajo las estremecidas
> estrellas de los velones
> su falda de moaré tiembla
> entre sus muslos de cobre (I, 193).

BERNARDA. *(A la* CRIADA.)
¿Por qué la habéis dejado entrar?

CRIADA. *(Temblando.)*
¡Se me escapó!

MARÍA JOSEFA
Me escapé porque me quiero casar, porque quiero casarme con un varón hermoso de la orilla del mar, ya que aquí los hombres huyen de las mujeres.

BERNARDA
¡Calle usted, madre!

MARÍA JOSEFA
No, no me callo. No quiero ver a estas mujeres solteras rabiando por la boda, haciéndose polvo el corazón, y yo me quiero ir a mi pueblo. Bernarda, yo quiero un varón para casarme y para tener alegría.

BERNARDA
¡Encerradla!

MARÍA JOSEFA
¡Déjame salir, Bernarda!
(La CRIADA *coge a* MARÍA JOSEFA.)

BERNARDA
¡Ayudadla vosotras! *(Todas arrastran a la vieja.)*

MARÍA JOSEFA
¡Quiero irme de aquí! ¡Bernarda! ¡A casarme a la orilla del mar, a la orilla del mar!

Telón rápido

146

Acto segundo

Habitación blanca del interior de la casa de Bernarda. Las puertas de la izquierda dan a los dormitorios. Las hijas de Bernarda están sentadas en sillas bajas cosiendo. MAGDALENA *borda. Con ellas está* LA PONCIA

ANGUSTIAS

Ya he cortado la tercera sábana.   *ajuar*

MARTIRIO

Le corresponde a Amelia.

MAGDALENA

Angustias. ¿Pongo también las iniciales de Pepe?

ANGUSTIAS. *(Seca.)*

No.

MAGDALENA. *(A voces.)*

Adela, ¿no vienes?

AMELIA

Estará echada en la cama.

LA PONCIA

Ésta tiene algo. La encuentro sin sosiego, temblona, asustada, como si tuviese una lagartija entre los pechos.

MARTIRIO

No tiene ni más ni menos que lo que tenemos todas.

147

MAGDALENA
Todas, menos Angustias.

ANGUSTIAS
Yo me encuentro bien, y al que le duela, que reviente.

MAGDALENA
Desde luego hay que reconocer que lo mejor que has tenido siempre es el talle y la delicadeza.

ANGUSTIAS
Afortunadamente, pronto voy a salir de este infierno.

MAGDALENA
¡A lo mejor no sales!

MARTIRIO
Dejar esa conversación.

ANGUSTIAS
Y, además, ¡más vale onza en el arca que ojos negros en la cara!

MAGDALENA
Por un oído me entra y por otro me sale.

AMELIA. *(A* LA PONCIA*)*
Abre la puerta del patio a ver si nos entra un poco de fresco.
(La CRIADA *lo hace.)*

MARTIRIO
Esta noche pasada no me podía quedar dormida por el calor.

AMELIA
Yo tampoco.

MAGDALENA
Yo me levanté a refrescarme. Había un nublo negro de tormenta y hasta cayeron algunas gotas.

LA PONCIA
Era la una de la madrugada y subía fuego de la tierra. También me levanté yo. Todavía estaba Angustias con Pepe en la ventana.

MAGDALENA. *(Con ironía.)*
¿Tan tarde? ¿A qué hora se fue?

ANGUSTIAS
Magdalena, ¿a qué preguntas, si lo viste?

AMELIA
Se iría a eso de la una y media.

ANGUSTIAS
¿Sí? ¿Tú por qué lo sabes?

AMELIA
Lo sentí toser y oí los pasos de su jaca.

LA PONCIA
Pero si yo lo sentí marchar a eso de las cuatro.

ANGUSTIAS
No sería él.

LA PONCIA
Estoy segura.

MARTIRIO[21]
A mí también me pareció.

MAGDALENA
¡Qué cosa más rara!
(Pausa.)

---

[21] Arturo del Hoyo (II, 1421) sustituye Amelia de la edición de Losada por Martirio, siguiendo una indicación de André Belamich. Nosotros seguimos la corrección.

LA PONCIA
Oye, Angustias, ¿qué fue lo que te dijo la primera vez que
se acercó a tu ventana?

ANGUSTIAS
Nada. ¡Qué me iba a decir! Cosas de conversación.

MARTIRIO
Verdaderamente es raro que dos personas que no se conocen se vean de pronto en una reja y ya novios.

ANGUSTIAS.
Pues a mí no me chocó.

AMELIA
A mí me daría no sé qué.

ANGUSTIAS
No, porque cuando un hombre se acerca a una reja ya
sabe por los que van y vienen, llevan y traen, que se le va
a decir que sí.

MARTIRIO
Bueno; pero él te lo tendría que decir.

ANGUSTIAS
¡Claro!

AMELIA. *(Curiosa.)*
¿Y cómo te lo dijo?

ANGUSTIAS
Pues nada: «Ya sabes que ando detrás de ti, necesito una
mujer buena, modosa, y esa eres tú si me das la confor-
midad.»

AMELIA
¡A mí me da vergüenza de estas cosas!

ANGUSTIAS
Y a mí, pero hay que pasarlas.

LA PONCIA
¿Y habló más?

ANGUSTIAS
Sí, siempre habló él.

MARTIRIO
¿Y tú?

ANGUSTIAS
Yo no hubiera podido. Casi se me salió el corazón por la boca. Era la primera vez que estaba sola de noche con un hombre.

MAGDALENA
Y un hombre tan guapo.

ANGUSTIAS
No tiene mal tipo.

LA PONCIA
Esas cosas pasan entre personas ya un poco instruidas que hablan y dicen y mueven la mano... La primera vez que mi marido Evaristo el Colín[22] vino a mi ventana... Ja, ja, ja.

AMELIA
¿Qué pasó?

LA PONCIA
Era muy oscuro. Lo vi acercarse y al llegar me dijo: «Buenas noches.» «Buenas noches», le dije yo, y nos quedamos callados más de media hora. Me corría el sudor por todo el cuerpo. Entonces Evaristo se acercó, se acercó que se

---

[22] Cfr. nota 1.

quería meter por los hierros, y dijo con voz muy baja: «¡Ven que te tiente!» *(Ríen todas.)*
(AMELIA *se levanta corriendo y espía por una puerta.)*

AMELIA
¡Ay!, creí que llegaba nuestra madre.

MAGDALENA
¡Buenas nos hubiera puesto! *(Siguen riendo.)*

AMELIA
Chissss... ¡Que nos van a oír!

LA PONCIA
Luego se portó bien. En vez de darle por otra cosa le dio por criar colorines hasta que se murió. A vosotras que sois solteras, os conviene saber de todos modos que el hombre, a los quince días de boda, deja la cama por la mesa y luego la mesa por la tabernilla, y la que no se conforma se pudre llorando en un rincón.

AMELIA
Tú te conformaste.

LA PONCIA
¡Yo pude con él!

MARTIRIO
¿Es verdad que le pegaste algunas veces?

LA PONCIA
Sí, y por poco si le dejo tuerto.

MAGDALENA
¡Así debían ser todas las mujeres!

LA PONCIA
Yo tengo la escuela de tu madre. Un día me dijo no sé qué cosa y le maté todos los colorines con la mano del almirez. *(Ríen.)*

152

MAGDALENA
Adela, niña, no te pierdas esto.

AMELIA
Adela.
(Pausa.)

MAGDALENA
Voy a ver. *(Entra.)*

LA PONCIA
Esa niña está mala.

MARTIRIO
Claro, no duerme apenas.

LA PONCIA
¿Pues qué hace?

MARTIRIO
¡Yo qué sé lo que hace!

LA PONCIA
Mejor lo sabrás tu que yo, que duermes pared por medio.

ANGUSTIAS
La envidia la come.

AMELIA
No exageres.

ANGUSTIAS
Se lo noto en los ojos. Se le está poniendo mirar de loca.

MARTIRIO
No habléis de locos. Aquí es el único sitio donde no se puede pronunciar esta palabra.
(Sale MAGDALENA con ADELA.)

MAGDALENA
Pues ¿no estabas dormida?

ADELA
Tengo mal cuerpo.

MARTIRIO. *(Con intención.)*
¿Es que no has dormido bien esta noche?

ADELA
Sí.

MARTIRIO
¿Entonces?

ADELA. *(Fuerte.)*
¡Déjame ya! ¡Durmiendo o velando, no tienes por qué meterte en lo mío! ¡Yo hago con mi cuerpo lo que me parece!

MARTIRIO
¡Sólo es interés por ti!

ADELA
Interés o inquisición. ¿No estabais cosiendo? Pues seguir. ¡Quisiera ser invisible, pasar por las habitaciones sin que me preguntarais dónde voy!

CRIADA. *(Entra.)*
Bernarda os llama. Está el hombre de los encajes. *(Salen.)* *(Al salir, MARTIRIO mira fijamente a ADELA.)*

ADELA
¡No me mires más! Si quieres te daré mis ojos, que son frescos, y mis espaldas para que te compongas la joroba que tienes, pero vuelve la cabeza cuando yo paso.
(Se va MARTIRIO.)

LA PONCIA
¡Que es tu hermana y además la que más te quiere!

ADELA
Me sigue a todos lados. A veces se asoma a mi cuarto para ver si duermo. No me deja respirar. Y siempre: «¡Qué lástima de cara!», «¡Qué lástima de cuerpo que no vaya a ser para nadie!» ¡Y eso no! Mi cuerpo será de quien yo quiera.

LA PONCIA. *(Con intención y en voz baja.)*
De Pepe el Romano. ¿No es eso?

ADELA. *(Sobrecogida.)* startled
¿Qué dices?

La poncia sabe sobre pepe y Adela.

LA PONCIA
Lo que digo, Adela.

ADELA
¡Calla!

LA PONCIA. *(Alto.)*
¿Crees que no me he fijado?

ADELA
¡Baja la voz!

→ LA PONCIA   thoughts
¡Mata esos pensamientos!

ADELA
¿Qué sabes tú?

LA PONCIA
Las viejas vemos a través de las paredes. ¿Dónde vas de noche cuando te levantas?

ADELA
¡Ciega debías estar!

155

LA PONCIA

Con la cabeza y las manos llenas de ojos cuando se trata
de lo que se trata. Por mucho que pienso no sé lo que te
propones. ¿Por qué te pusiste casi desnuda con la luz en-
cendida y la ventana abierta al pasar Pepe el segundo día
que vino a hablar con tu hermana?

ADELA

¡Eso no es verdad!

LA PONCIA

No seas como los niños chicos. ¡Deja en paz a tu hermana, y si Pepe el Romano te gusta, te aguantas! (ADELA *llora.*) Además, ¿quién dice que no te puedes casar con él? Tu
hermana Angustias es una enferma. Esa no resiste el primer parto. Es estrecha de cintura, vieja, y con mi conocimiento te digo que se morirá. Entonces Pepe hará lo que
hacen todos los viudos de esta tierra: se casará con la más
joven, la más hermosa, y esa serás tú. Alimenta esa esperanza, olvídalo, lo que quieras, pero no vayas contra la ley
de Dios.

ADELA

¡Calla!

LA PONCIA

¡No callo!

ADELA

Métete en tus cosas, ¡oledora!, ¡pérfida!

LA PONCIA

Sombra tuya he de ser.

ADELA

En vez de limpiar la casa y acostarte para rezar a tus muer-
tos, buscas como una vieja marrana asuntos de hombres y
mujeres para babosear en ellos.

156

LA PONCIA

¡Velo! Para que las gentes no escupan al pasar por esta puerta.

ADELA

¡Qué cariño tan grande te ha entrado de pronto por mi hermana!

LA PONCIA

No os tengo ley a ninguna, pero quiero vivir en casa decente. ¡No quiero mancharme de vieja!

ADELA

Es inútil tu consejo. Ya es tarde. No por encima de ti, que eres una criada; por encima de mi madre saltaría para apagarme este fuego que tengo levantado por piernas y boca. ¿Qué puedes decir de mí? ¿Que me encierro en mi cuarto y no abro la puerta? ¿Que no duermo? ¡Soy más lista que tú! Mira a ver si puedes agarrar la liebre[23] con tus manos.

LA PONCIA

No me desafíes, Adela, no me desafíes. Porque yo puedo dar voces, encender luces y hacer que toquen las campanas.

ADELA

Trae cuatro mil bengalas amarillas y ponlas en las bardas del corral. Nadie podrá evitar que suceda lo que tiene que suceder.

LA PONCIA

¡Tanto te gusta ese hombre!

ADELA

¡Tanto! Mirando sus ojos me parece que bebo su sangre lentamente.

---

23 Equivale aquí a «descubrir el acto mismo».

157

LA PONCIA
    Yo no te puedo oír.

ADELA
    ¡Pues me oirás! Te he tenido miedo. ¡Pero ya soy más fuer-
    te que tú!
    (*Entra* ANGUSTIAS.)

ANGUSTIAS
    ¡Siempre discutiendo!

LA PONCIA
    Claro. Se empeña que con el calor que hace vaya a traerle
    no sé qué de la tienda.

ANGUSTIAS
    ¿Me compraste el bote de esencia?

LA PONCIA
    El más caro. Y los polvos. En la mesa de tu cuarto los he
    puesto.
    (*Sale* ANGUSTIAS.)

ADELA *quiet*
    ¡Y chitón!

LA PONCIA
    ¡Lo veremos!
    (*Entran* MARTIRIO, AMELIA *y* MAGDALENA.)

MAGDALENA. (*A* ADELA.)
    ¿Has visto los encajes?
                lace
AMELIA
    Los de Angustias para sus sábanas de novia son preciosos.

ADELA. (*A* MARTIRIO, *que trae unos encajes.*)
    ¿Y estos?

158

MARTIRIO
Son para mí. Para una camisa.

ADELA. *(Con sarcasmo.)*
Se necesita buen humor.

MARTIRIO. *(Con intención.)*
Para verlo yo. No necesito lucirme ante nadie.

LA PONCIA
Nadie le ve a una en camisa.

MARTIRIO *(Con intención y mirando a ADELA.)*
¡A veces! Pero me encanta la ropa interior. Si fuera rica la tendría de holanda[24]. Es uno de los pocos gustos que me quedan.

LA PONCIA
Estos encajes son preciosos para las gorras de niños, para mantehuelos de cristianar. Yo nunca pude usarlos en los míos. A ver si ahora Angustias los usa en los suyos. Como le dé por tener crías, vais a estar cosiendo mañana y tarde.

MAGDALENA
Yo no pienso dar una puntada.

AMELIA
Y mucho menos criar niños ajenos. Mira tú cómo están las vecinas del callejón, sacrificadas por cuatro monigotes.

LA PONCIA
Esas están mejor que vosotras. ¡Siquiera allí se ríe y se oyen porrazos!

---

[24] Por sinécdoque, cierta clase de lienzo proveniente de Holanda.

> Compadre, quiero morir
> decentemente en mi cama.
> De acero, si puede ser,
> con las sábanas de holanda (I, 401).

159

MARTIRIO
Pues vete a servir con ellas.

LA PONCIA
No. Ya me ha tocado en suerte este convento.
(Se oyen unos campanillos lejanos como a través de varios muros.)

MAGDALENA
Son los hombres que vuelven al trabajo.

LA PONCIA
Hace un minuto dieron las tres.

MARTIRIO
¡Con este sol!

ADELA. *(Sentándose.)*
¡Ay, quién pudiera salir también a los campos!

MAGDALENA. *(Sentándose.)*
¡Cada clase tiene que hacer lo suyo!

MARTIRIO. *(Sentándose.)*
¡Así es!

AMELIA. *(Sentándose.)*
¡Ay!

LA PONCIA
No hay alegría como la de los campos en esta época. Ayer
de mañana llegaron los segadores. Cuarenta o cincuenta
buenos mozos.

MAGDALENA
¿De dónde son este año?

LA PONCIA
De muy lejos. Vinieron de los montes. ¡Alegres! ¡Como
árboles quemados! ¡Dando voces y arrojando piedras!
Anoche llegó al pueblo una mujer vestida de lentejuelas y
que bailaba con un acordeón, y quince de ellos la contra-

160

taron para llevársela al olivar. Yo los vi de lejos. El que la contrataba era un muchacho de ojos verdes, apretado como una gavilla de trigo.

AMELIA
¿Es eso cierto?

ADELA
¡Pero es posible!

LA PONCIA
Hace años vino otra de estas y yo misma di dinero a mi hijo mayor para que fuera. Los hombres necesitan estas cosas.

ADELA
Se les perdona todo.

AMELIA
Nacer mujer es el mayor castigo.

MAGDALENA
Y ni nuestros ojos siquiera nos pertenecen.
(Se oye un cantar lejano que se va acercando.)

LA PONCIA
Son ellos. Traen unos cantos preciosos.

AMELIA
Ahora salen a segar.

CORO

Ya salen los segadores
en busca de las espigas;
se llevan los corazones
de las muchachas que miran[25].

_____

[25] El empleo del coro de segadores no es un mero añadido lírico sino un elemento que cobra tensión dramática en contraste con el clima de encierro de las hijas de Bernarda Alba. Cfr. Introducción.

(Se oyen panderos y carrañacas[26] *Pausa. Todas oyen en un silencio traspasado por el sol.)*

AMELIA
¡Y no les importa el calor!

MARTIRIO
Siegan entre llamaradas.

ADELA
Me gustaría segar para ir y venir. Así se olvida lo que nos muerde.

MARTIRIO
¿Qué tienes tú que olvidar?

ADELA
Cada una sabe sus cosas.

MARTIRIO. *(Profunda.)*
¡Cada una!

LA PONCIA
¡Callar! ¡Callar!

CORO. *(Muy lejano.)*
Abrir puertas y ventanas
las que vivís en el pueblo,
el segador pide rosas
para adornar su sombrero.

*simbólico
contra de
que nagan*

LA PONCIA
¡Qué canto!

MARTIRIO. *(Con nostalgia.)*
Abrir puertas y ventanas
las que vivís en el pueblo...

---

[26] Instrumento primitivo de madera empleado frecuentemente en Granada, sobre todo en las fiestas de Navidad.

ADELA. *(Con pasión.)*
                    ... el segador pide rosas
                    para adornar su sombrero.
(Se va alejando el cantar.)

LA PONCIA
  Ahora dan vuelta a la esquina.

ADELA
  Vamos a verlos por la ventana de mi cuarto.

LA PONCIA
  Tened cuidado con no entreabrirla mucho, porque son
  capaces de dar un empujón para ver quién mira.
(Se van las tres, MARTIRIO *queda sentada en la silla baja con la cabeza entre las manos.)*

AMELIA *(Acercándose.)*
  ¿Qué te pasa?

MARTIRIO
  Me sienta mal el calor.

AMELIA
  ¿No es más que eso?

MARTIRIO
  Estoy deseando que llegue noviembre, los días de lluvias,
  la escarcha, todo lo que no sea este verano interminable.

AMELIA
  Ya pasará y volverá otra vez.

MARTIRIO
  ¡Claro! *(Pausa.)* ¿A qué hora te dormiste anoche?

AMELIA
  No sé. Yo duermo como un tronco. ¿Por qué?

MARTIRIO
Por nada, pero me pareció oír gente en el corral.

AMELIA
¿Sí?

MARTIRIO
Muy tarde.

AMELIA
¿Y no tuviste miedo?

MARTIRIO
No. Ya lo he oído otras noches.

AMELIA
Debiéramos tener cuidado. ¿No serían los gañanes?

MARTIRIO
Los gañanes llegan a las seis.

AMELIA
Quizá una mulilla sin desbravar.

MARTIRIO. *(Entre dientes y llena de segunda intención.)*
Eso, ¡eso!, una mulilla sin desbravar.

AMELIA
¡Hay que prevenir!

MARTIRIO
No. No. No digas nada, puede ser un barrunto mío.

AMELIA
Quizá. *(Pausa.* AMELIA *inicia el mutis.)*

MARTIRIO
Amelia.

AMELIA. *(En la puerta.)*
  ¿Qué?
(Pausa.)

MARTIRIO.
  Nada.
(Pausa.)

AMELIA.
  ¿Por qué me llamaste?
(Pausa.)

MARTIRIO.
  Se me escapó. Fue sin darme cuenta.
(Pausa.)

AMELIA
  Acuéstate un poco.

ANGUSTIAS. *(Entrando furiosa en escena, de modo que haya un gran contraste con los silencios anteriores.)*
  ¿Dónde está el retrato de Pepe que tenía yo debajo de mi almohada? ¿Quién de vosotras lo tiene?

MARTIRIO
  Ninguna.

AMELIA
  Ni que Pepe fuera un San Bartolomé de plata[27].

ANGUSTIAS
  ¿Dónde está el retrato?
(Entran LA PONCIA, MAGDALENA *y* ADELA. *)*

---

[27] En la iconografía cristiana la representación de San Bartolomé adquirió siempre formas suaves y blandas, asociadas al desnudo masculino. No es en vano la alusión del autor, sobre todo en el ambiente que preside la obra.

ADELA
¿Qué retrato?

ANGUSTIAS
Una de vosotras me lo ha escondido.

MAGDALENA
¿Tienes la desvergüenza de decir esto?

ANGUSTIAS
Estaba en mi cuarto y ya no está.

MARTIRIO
¿Y no se habrá escapado a medianoche al corral? A Pepe
le gusta andar con la luna.

ANGUSTIAS
¡No me gastes bromas! Cuando venga se lo contaré.

LA PONCIA
¡Eso no, porque aparecerá! *(Mirando a* ADELA.)

ANGUSTIAS
¡Me gustaría saber cuál de vosotras lo tiene!

ADELA. *(Mirando a* MARTIRIO.)
¡Alguna! ¡Todas menos yo!

MARTIRIO. *(Con intención.)*
¡Desde luego!

BERNARDA. *(Entrando.)*
¡Qué escándalo es este en mi casa y en el silencio del peso
del calor! Estarán las vecinas con el oído pegado a los ta-
biques.

ANGUSTIAS
Me han quitado el retrato de mi novio.

BERNARDA. *(Fiera.)*
¿Quién? ¿Quién?

ANGUSTIAS
¡Estas!

BERNARDA
¿Cuál de vosotras? *(Silencio.)* ¡Contestarme! *(Silencio. A* PONCIA.) Registra los cuartos, mira por las camas. ¡Esto tiene no ataros más cortas! ¡Pero me vais a soñar! *(A* ANGUSTIAS.) ¿Estás segura?

ANGUSTIAS
Sí.

BERNARDA
¿Lo has buscado bien?

ANGUSTIAS
Sí, madre.
(Todas están de pie en medio de un embarazoso silencio.)

BERNARDA
Me hacéis al final de mi vida beber el veneno más amargo que una madre puede resistir. *(A* PONCIA.) ¿No lo encuentras?

LA PONCIA. *(Saliendo.)*
Aquí está.

BERNARDA
¿Dónde lo has encontrado?

LA PONCIA
Estaba...

BERNARDA
Dilo sin temor.

LA PONCIA. *(Extrañada.)*
Entre las sábanas de la cama de Martirio.

BERNARDA. *(A* MARTIRIO.*)*
¿Es verdad?

MARTIRIO
¡Es verdad!

BERNARDA *(Avanzando y golpeándola.)*
Mala puñalada te den. ¡Mosca muerta! ¡Sembradura de vidrios!

MARTIRIO. *(Fiera.)*
¡No me pegue usted, madre!

BERNARDA
¡Todo lo que quiera!

MARTIRIO
¡Si yo la dejo! ¿Lo oye? ¡Retírese usted!

LA PONCIA
No faltes a tu madre.

ANGUSTIAS. *(Cogiendo a* BERNARDA.*)*
Déjala. ¡Por favor!

BERNARDA
Ni lágrimas te quedan en esos ojos.

MARTIRIO
No voy a llorar para darle gusto.

BERNARDA
¿Por qué has cogido el retrato?

MARTIRIO
¿Es que yo no puedo gastar una broma a mi hermana?
¿Para qué lo iba a querer?

ADELA. *(Saltando llena de celos.)*
No ha sido broma, que tú nunca has gustado jamás de juegos. Ha sido otra cosa que te reventaba en el pecho por querer salir. Dilo ya claramente.

MARTIRIO
¡Calla y no me hagas hablar, que si hablo se van a juntar las paredes unas con otras de vergüenza!

ADELA
¡La mala lengua no tiene fin para inventar!

BERNARDA
¡Adela!

MAGDALENA
Estáis locas.

AMELIA
Y nos apedreáis con malos pensamientos.

MARTIRIO
Otras hacen cosas más malas.

ADELA
Hasta que se pongan en cueros de una vez y se las lleve el río.

BERNARDA
¡Perversa!

ANGUSTIAS
Yo no tengo la culpa de que Pepe el Romano se haya fijado en mí.

ADELA
¡Por tus dineros!

ANGUSTIAS
¡Madre!

BERNARDA
¡Silencio!

MARTIRIO
Por tus marjales[28] y tus arboledas.

MAGDALENA
¡Eso es lo justo!

BERNARDA
¡Silencio digo! Yo veía la tormenta venir, pero no creía que estallara tan pronto. ¡Ay, qué pedrisco de odio habéis echado sobre mi corazón! Pero todavía no soy anciana y tengo cinco cadenas para vosotras y esta casa levantada por mi padre para que ni las hierbas se enteren de mi desolación. ¡Fuera de aquí! *(Salen.* BERNARDA *se sienta desolada.* LA PONCIA *está de pie arrimada a los muros.* BERNARDA *reacciona, da un golpe en el suelo y dice:)* ¡Tendré que sentarles la mano! Bernarda: acuérdate que esta es tu obligación.

LA PONCIA
¿Puedo hablar?

BERNARDA
Habla. Siento que hayas oído. Nunca está bien una extraña en el centro de la familia.

LA PONCIA
Lo visto, visto está.

BERNARDA
Angustias tiene que casarse enseguida.

LA PONCIA
Claro, hay que retirarla de aquí.

---

[28] Aquí, en general, terrenos de labor de no pequeña extensión.

BERNARDA
No a ella. ¡A él!

LA PONCIA
Claro. A él hay que alejarlo de aquí. Piensas bien.

BERNARDA
No pienso. Hay cosas que no se pueden ni se deben pensar. Yo ordeno.

LA PONCIA
¿Y tú crees que él querrá marcharse?

BERNARDA. *(Levantándose.)*
¿Qué imagina tu cabeza?

LA PONCIA
Él, ¡claro!, se casará con Angustias.

BERNARDA
Habla, te conozco demasiado para saber que ya me tienes preparada la cuchilla.

LA PONCIA
Nunca pensé que se llamara asesinato al aviso.

BERNARDA
¿Me tienes que prevenir algo?

LA PONCIA
Yo no acuso, Bernarda. Yo sólo te digo: abre los ojos y verás.

BERNARDA
¿Y verás qué?

LA PONCIA
Siempre has sido lista. Has visto lo malo de las gentes a cien leguas; muchas veces creí que adivinabas los pensamientos. Pero los hijos son los hijos. Ahora estás ciega.

171

BERNARDA
¿Te refieres a Martirio?

LA PONCIA
Bueno, a Martirio... *(Con curiosidad.)* ¿Por qué habrá escondido el retrato?

BERNARDA. *(Queriendo ocultar a su hija.)*
Después de todo, ella dice que ha sido una broma. ¿Qué otra cosa puede ser?

LA PONCIA
¿Tú lo crees? *(Con sorna.)*

BERNARDA. *(Enérgica.)*
No lo creo. ¡Es así!

LA PONCIA
Basta. Se trata de lo tuyo. Pero si fuera la vecina de enfrente, ¿qué sería?

BERNARDA
Ya empiezas a sacar la punta del cuchillo.

LA PONCIA. *(Siempre con crueldad.)*
Bernarda: aquí pasa una cosa muy grande. Yo no te quiero echar la culpa, pero tú no has dejado a tus hijas libres. Martirio es enamoradiza, digas lo que tú quieras. ¿Por qué no la dejaste casar con Enrique Humanas? ¿Por qué el mismo día que iba a venir a la ventana le mandaste recado que no viniera?

BERNARDA
¡Y lo haría mil veces! ¡Mi sangre no se junta con la de los Humanas mientras yo viva! Su padre fue gañán.

LA PONCIA
¡Y así te va a ti con esos humos!

BERNARDA
Los tengo porque puedo tenerlos. Y tú no los tienes porque sabes muy bien cuál es tu origen.

LA PONCIA. *(Con odio.)*
No me lo recuerdes. Estoy ya vieja. Siempre agradecí tu protección.

BERNARDA. *(Crecida.)*
¡No lo parece!

LA PONCIA. *(Con odio envuelto en suavidad.)*
A Martirio se le olvidará esto.

BERNARDA
Y si no lo olvida peor para ella. No creo que esta sea la «cosa muy grande» que aquí pasa. Aquí no pasa nada. ¡Eso quisieras tú! Y si pasa algún día, estate segura que no traspasará las paredes.

LA PONCIA
Eso no lo sé yo. En el pueblo hay gentes que leen también de lejos los pensamientos escondidos.

BERNARDA
¡Cómo gozarías de vernos a mí y a mis hijas camino del lupanar!

LA PONCIA
¡Nadie puede conocer su fin!

BERNARDA
¡Yo sí sé mi fin! ¡Y el de mis hijas! El lupanar se queda para alguna mujer ya difunta.

LA PONCIA
¡Bernarda, respeta la memoria de mi madre!

BERNARDA
¡No me persigas tú con tus malos pensamientos!
(Pausa.)

173

LA PONCIA
Mejor será que no me meta en nada.

BERNARDA
Eso es lo que debías hacer. Obrar y callar a todo. Es la obligación de los que viven a sueldo.

LA PONCIA
Pero no se puede. ¿A ti no te parece que Pepe estaría mejor casado con Martirio o..., ¡sí!, con Adela?

BERNARDA
No me parece.

LA PONCIA
Adela. ¡Esa es la verdadera novia del Romano!

BERNARDA
Las cosas no son nunca a gusto nuestro.

LA PONCIA
Pero les cuesta mucho trabajo desviarse de la verdadera inclinación. A mí me parece mal que Pepe esté con Angustias, y a las gentes, y hasta al aire. ¡Quién sabe si saldrán con la suya!

BERNARDA
¡Ya estamos otra vez!... Te deslizas para llenarme de malos sueños. Y no quiero entenderte, porque si llegara al alcance de todo lo que dices te tendría que arañar.

LA PONCIA
¡No llegará la sangre al río!

BERNARDA
Afortunadamente mis hijas me respetan y jamás torcieron mi voluntad.

LA PONCIA
¡Eso sí! Pero en cuanto las dejes sueltas se te subirán al tejado.

BERNARDA
¡Ya las bajaré tirándoles cantos!

LA PONCIA
¡Desde luego eres la más valiente!

BERNARDA
¡Siempre gasté sabrosa pimienta!

LA PONCIA
¡Pero lo que son las cosas! A su edad. ¡Hay que ver el entusiasmo de Angustias con su novio! ¡Y él también parece muy picado! Ayer me contó mi hijo mayor que a las cuatro y media de la madrugada, que pasó por la calle con la yunta, estaban hablando todavía.

BERNARDA
¡A las cuatro y media!

ANGUSTIAS. *(Saliendo.)*
¡Mentira!

LA PONCIA
Eso me contaron.

BERNARDA. (*A* ANGUSTIAS.)
¡Habla!

ANGUSTIAS
Pepe lleva más de una semana marchándose a la una. Que Dios me mate si miento.

MARTIRIO. *(Saliendo.)*
Yo también lo sentí marcharse a las cuatro.

175

BERNARDA
Pero ¿lo viste con tus ojos?

MARTIRIO
No quise asomarme. ¿No habláis ahora por la ventana del callejón?

ANGUSTIAS
Yo hablo por la ventana de mi dormitorio.
(Aparece ADELA *en la puerta.)*

MARTIRIO
Entonces...

BERNARDA
¿Qué es lo que pasa aquí?

LA PONCIA
¡Cuida de enterarte! Pero, desde luego, Pepe estaba a las cuatro de la madrugada en una reja de tu casa.

BERNARDA
¿Lo sabes seguro?

LA PONCIA
Seguro no se sabe nada en esta vida.

ADELA
Madre, no oiga usted a quien nos quiere perder a todas.

BERNARDA
¡Yo sabré enterarme! Si las gentes del pueblo quieren levantar falsos testimonios, se encontrarán con mi pedernal. No se hable de esta asunto. Hay a veces una ola de fango que levantan los demás para perdernos.

MARTIRIO
A mí no me gusta mentir.

LA PONCIA
Y algo habrá.

176

BERNARDA

No habrá nada. Nací para tener los ojos abiertos. Ahora vigilaré sin cerrarlos ya hasta que me muera.

ANGUSTIAS

Yo tengo derecho de enterarme.

BERNARDA

Tú no tienes derecho más que a obedecer. Nadie me traiga ni me lleve. *(A* LA PONCIA.) Y tú te metes en los asuntos de tu casa. ¡Aquí no se vuelve a dar un paso sin que yo lo sienta!

CRIADA. *(Entrando.)*

En lo alto de la calle hay un gran gentío y todos los vecinos están en sus puertas.

BERNARDA. *(A* LA PONCIA.)

¡Corre a enterarte de lo que pasa! *(Las* MUJERES *corren para salir.)* ¿Dónde vais? Siempre os supe mujeres ventaneras y rompedoras de su luto. ¡Vosotras, al patio! *(Salen y sale* BERNARDA. *Se oyen rumores lejanos. Entran* MARTIRIO *y* ADELA, *que se quedan escuchando y sin atreverse a dar un paso más de la puerta de salida.)*

MARTIRIO

Agradece a la casualidad que no desaté mi lengua.

ADELA

También hubiera hablado yo.

MARTIRIO

¿Y qué ibas a decir? ¡Querer no es hacer!

ADELA

Hace la que puede y la que se adelanta. Tú querías, pero no has podido.

MARTIRIO

No seguirás mucho tiempo.

ADELA
    ¡Lo tendré todo!

MARTIRIO
    Yo romperé tus abrazos.

ADELA. *(Suplicante.)*
    ¡Martirio, déjame!

MARTIRIO
    ¡De ninguna!

ADELA
    ¡Él me quiere para su casa!

MARTIRIO
    ¡He visto cómo te abrazaba!

ADELA
    Yo no quería. He sido como arrastrada por una maroma.

MARTIRIO
    ¡Primero muerta!
(Se asoman MAGDALENA *y* ANGUSTIAS. *Se siente crecer el tumulto.)*

LA PONCIA. *(Entrando con* BERNARDA.)
    ¡Bernarda!

BERNARDA
    ¿Qué ocurre?

LA PONCIA
    La hija de la Libradas[29], la soltera, tuvo un hijo no se sabe
    con quién,

ADELA
    ¿Un hijo?

---

[29] Cfr. nota 1. Es difícil no asociar la escena que sigue con *Divinas palabras,* de Valle-Inclán.

LA PONCIA
Y para ocultar su vergüenza lo mató y lo metió debajo de unas piedras, pero unos perros con más corazón que muchas criaturas lo sacaron, y como llevados por la mano de Dios lo han puesto en el tranco de su puerta. Ahora la quieren matar. La traen arrastrando por la calle abajo, y por las trochas y los terrenos del olivar vienen los hombres corriendo, dando unas voces que estremecen los campos.

BERNARDA
Sí, que vengan todos con varas de olivo y mangos de azadones, que vengan todos para matarla.

ADELA
No, no. Para matarla, no.

MARTIRIO
Sí, y vamos a salir también nosotras.

BERNARDA
Y que pague la que pisotea la decencia.
(Fuera se oye un grito de mujer y un gran rumor.)

persona con moral
honra.

ADELA
¡Que la dejen escapar! ¡No salgáis vosotras!

MARTIRIO. *(Mirando a ADELA.)*
¡Que pague lo que debe!

BERNARDA. *(Bajo el arco.)*
¡Acabad con ella antes que lleguen los guardias! ¡Carbón ardiendo en el sitio de su pecado!

ADELA. *(Cogiéndose el vientre.)*
¡No! ¡No!

BERNARDA
¡Matadla! ¡Matadla!

Telón

Acto tercero

Cuatro paredes blancas ligeramente azuladas del patio interior de la casa de Bernarda. Es de noche. El decorado ha de ser de una perfecta simplicidad. Las puertas iluminadas por la luz de los interiores dan un tenue fulgor a la escena.
En el centro, una mesa con un quinqué, donde están comiendo BERNARDA *y sus hijas.* LA PONCIA *las sirve.* PRUDENCIA *está sentada aparte.*
Al levantarse el telón hay un gran silencio, interrumpido por el ruido de platos y cubiertos.

PRUDENCIA
Ya me voy. Os he hecho una visita larga. *(Se levanta.)*

BERNARDA
Espérate, mujer. No nos vemos nunca.

PRUDENCIA
¿Han dado el último toque para el rosario?

LA PONCIA
Todavía no. (PRUDENCIA *se sienta.)*

BERNARDA
¿Y tu marido cómo sigue?

PRUDENCIA
Igual.

BERNARDA
Tampoco lo vemos.

PRUDENCIA
Ya sabes sus costumbres. Desde que se peleó con sus hermanos por la herencia no ha salido por la puerta de la calle. Pone una escalera y salta las tapias y el corral.

BERNARDA
Es un verdadero hombre. ¿Y con tu hija?

PRUDENCIA
No la ha perdonado.

BERNARDA
Hace bien.

PRUDENCIA
No sé qué te diga. Yo sufro por esto.

PRUDENCIA
Una hija que desobedece deja de ser hija para convertirse en una enemiga.

PRUDENCIA
Yo dejo que el agua corra. No me queda más consuelo que refugiarme en la iglesia, pero como me estoy quedando sin vista tendré que dejar de venir para que no jueguen con una los chiquillos. *(Se oye un gran golpe en los muros.)* ¿Qué es eso?

BERNARDA
El caballo garañón[30], que está encerrado y da coces contra el muro. *(A voces.)* ¡Trabadlo y que salga al corral! *(En voz baja.)* Debe tener calor.

---

[30] Otro elemento más que crea la atmósfera dramática y que como Pepe el Romano, pero desde un plano simbólico, la domina de algún modo.

PRUDENCIA
¿Vais a echarle las potras nuevas?

BERNARDA
Al amanecer.

PRUDENCIA
Has sabido acrecentar tu ganado.

BERNARDA
A fuerza de dinero y sinsabores.

LA PONCIA. *(Interrumpiendo.)*
Pero tienes la mejor manada de estos contornos. Es una lástima que esté bajo de precio.

BERNARDA
¿Quieres un poco de queso y miel?

PRUDENCIA
Estoy desganada.
(Se oye otra vez el golpe.)

LA PONCIA
¡Por Dios!

PRUDENCIA
Me ha retemblado dentro del pecho.

BERNARDA. *(Levantándose furiosa.)*
¿Hay que decir las cosas dos veces? ¡Echadlo que se revuelque en los montones de paja! *(Pausa, y como hablando con los gañanes.)* Pues encerrad las potras en la cuadra, pero dejadlo libre, no sea que nos eche abajo las paredes. *(Se dirige a la mesa y se sienta otra vez.)* ¡Ay, qué vida!

PRUDENCIA
Bregando como un hombre.

183

BERNARDA
   Así es. (ADELA *se levanta de la mesa.*) ¿Dónde vas?

ADELA
   A beber agua. ←

BERNARDA. *(En voz alta.)*
   Trae un jarro de agua fresca. *(A* ADELA.) Puedes sentarte.
   (ADELA *se sienta.*)

PRUDENCIA
   Y Angustias, ¿cuándo se casa?

BERNARDA
   Vienen a pedirla dentro de tres días.

PRUDENCIA
   ¡Estarás contenta!

ANGUSTIAS
   ¡Claro!

AMELIA. *(A* MAGDALENA.)
→ Ya has derramado la sal.   superstición
                                  mala suerte

MAGDALENA
   Peor suerte que tienes no vas a tener.

AMELIA
   Siempre trae mala sombra.

BERNARDA
   ¡Vamos!

PRUDENCIA. *(A* ANGUSTIAS.)
   ¿Te ha regalado ya el anillo?

ANGUSTIAS
   Mírelo usted. *(Se lo alarga.)*

PRUDENCIA
Es precioso. Tres perlas. En mi tiempo las perlas significaban lágrimas.

ANGUSTIAS
Pero ya las cosas han cambiado.

ADELA
Yo creo que no. Las cosas significan siempre lo mismo. Los anillos de pedida deben ser de diamantes.

PRUDENCIA
Es más propio.

BERNARDA
Con perlas o sin ellas, las cosas son como uno se las propone.

MARTIRIO
O como Dios dispone.

PRUDENCIA
Los muebles me han dicho que son preciosos.

BERNARDA
Dieciséis mil reales he gastado.

PRUDENCIA. *(Interviniendo.)*
Lo mejor es el armario de luna.

PRUDENCIA
Nunca vi un mueble de estos.

BERNARDA
Nosotras tuvimos arca.

PRUDENCIA
Lo preciso es que todo sea para bien.

ADELA
Que nunca se sabe.

BERNARDA
No hay motivo para que no lo sea.
(Se oyen lejanísimas unas campanas.)

PRUDENCIA
El último toque. *(A* ANGUSTIAS.*)* Ya vendré a que me
enseñes la ropa.

ANGUSTIAS
Cuando usted quiera.

PRUDENCIA
Buenas noches nos dé Dios.

BERNARDA
Adiós, Prudencia.

LAS CINCO A LA VEZ
Vaya usted con Dios.
(Pausa. Sale PRUDENCIA.*)*

BERNARDA
Ya hemos comido. *(Se levantan.)*

ADELA
Voy a llegarme hasta el portón para estirar las piernas y to-
mar un poco de fresco.
*(*MAGDALENA *se sienta en una silla baja retrepada contra la pared.)*

AMELIA
Yo voy contigo.

MARTIRIO
Y yo.

ADELA. *(Con odio contenido.)*
No me voy a perder.

AMELIA
La noche quiere compaña. *(Salen.)*
(BERNARDA *se sienta y* ANGUSTIAS *está arreglando la mesa.)*

BERNARDA
Ya te he dicho que quiero que hables con tu hermana
Martirio. Lo que pasó del retrato fue una broma y lo de-
bes olvidar.

ANGUSTIAS
Usted sabe que ella no me quiere.

BERNARDA
Cada uno sabe lo que piensa por dentro. Yo no me meto
en los corazones, pero quiero buena fachada y armonía familiar. ¿Lo entiendes?

ANGUSTIAS
Sí.

BERNARDA
Pues ya está.

MAGDALENA. *(Casi dormida.)*
Además, ¡si te vas a ir antes de nada! *(Se duerme.)*

ANGUSTIAS
Tarde me parece.

BERNARDA
¿A qué hora terminaste anoche de hablar?

ANGUSTIAS
A las doce y media.

BERNARDA
¿Qué cuenta Pepe?

187

ANGUSTIAS

Yo lo encuentro distraído. Me habla siempre como pensando en otra cosa. Si le pregunto qué le pasa, me contesta: «Los hombres tenemos nuestras preocupaciones.»

BERNARDA

No le debes preguntar. Y cuando te cases, menos. Habla si él habla y míralo cuando te mire. Así no tendrás disgustos.

ANGUSTIAS

Yo creo, madre, que él me oculta muchas cosas.

BERNARDA

No procures descubrirlas, no le preguntes y, desde luego, que no te vea llorar jamás.

ANGUSTIAS

Debía estar contenta y no lo estoy.

BERNARDA

Eso es lo mismo.

ANGUSTIAS

Muchas veces miro a Pepe con mucha fijeza y se me borra a través de los hierros, como si lo tapara una nube de polvo de las que levantan los rebaños.

BERNARDA

Eso son cosas de debilidad.

ANGUSTIAS

¡Ojalá!

BERNARDA

¿Viene esta noche?

ANGUSTIAS

No. Fue con su madre a la capital.

188

BERNARDA
Así nos acostaremos antes. ¡Magdalena!

ANGUSTIAS
Está dormida.
(*Entran* ADELA, MARTIRIO *y* AMELIA.)

AMELIA
¡Qué noche más oscura!

ADELA
No se ve a dos pasos de distancia.

MARTIRIO
Una buena noche para ladrones, para el que necesita escondrijo.

ADELA *la apariciones*
El caballo garañón estaba en el centro del corral ¡blanco! Doble de grande, llenando todo lo oscuro.

AMELIA
Es verdad. Daba miedo. Parecía una aparición.

ADELA
Tiene el cielo unas estrellas como puños.

MARTIRIO
Ésta se puso a mirarlas de modo que se iba a tronchar el cuello.

ADELA
¿Es que no te gustan a ti?

MARTIRIO
A mí las cosas de tejas arriba no me importan nada. Con lo que pasa dentro de las habitaciones tengo bastante.

ADELA
Así te va a ti.

BERNARDA
A ella le va en lo suyo como a ti en lo tuyo.

ANGUSTIAS
Buenas noches.

ADELA
¿Ya te acuestas?

ANGUSTIAS
Sí. Esta noche no viene Pepe. *(Sale.)*

ADELA
Madre, ¿por qué cuando se corre una estrella o luce un re-
lámpago se dice:
> «Santa Bárbara bendita,
> que en el cielo estás escrita
> con papel y agua bendita?»

BERNARDA
Los antiguos sabían muchas cosas que hemos olvidado.

AMELIA
Yo cierro los ojos para no verlas.

ADELA
Yo, no. A mí me gusta ver correr lleno de lumbre lo que
está quieto y quieto años enteros.

MARTIRIO
Pero estas cosas nada tienen que ver con nosotros.

BERNARDA
Y es mejor no pensar en ellas.

ADELA
¡Qué noche más hermosa! Me gustaría quedarme hasta
muy tarde para disfrutar el fresco del campo.

BERNARDA
Pero hay que acostarse.

AMELIA
Está en el primer sueño.

BERNARDA
¡Magdalena!

MAGDALENA. *(Disgustada.)*
¡Déjame en paz!

BERNARDA
¡A la cama!

MAGDALENA. *(Levantándose malhumorada.)*
¡No la dejáis a una tranquila! *(Se va refunfuñando.)*

AMELIA
Buenas noches. *(Se va.)*

BERNARDA
Andar vosotras también.

MARTIRIO
¿Cómo es que esta noche no viene el novio de Angustias?

BERNARDA
Fue de viaje.

MARTIRIO. *(Mirando a* ADELA.)*
¡Ah!

ADELA
Hasta mañana. *(Sale.)*
(MARTIRIO *bebe agua y sale lentamente, mirando hacia la puerta del corral.)*

LA PONCIA. *(Saliendo.)*
¿Estás todavía aquí?

BERNARDA

Disfrutando este silencio y sin lograr ver por parte alguna «la cosa tan grande» que aquí pasa, según tú.

LA PONCIA

Bernarda, dejemos esa conversación.

BERNARDA

En esta casa no hay ni un sí ni un no. Mi vigilancia lo puede todo.

LA PONCIA

No pasa nada por fuera. Eso es verdad. Tus hijas están y viven como metidas en alacenas. Pero ni tú ni nadie puede vigilar por el interior de los pechos.

BERNARDA

Mis hijas tienen la respiración tranquila.

LA PONCIA

Esto te importa a ti, que eres su madre. A mí, con servir tu casa tengo bastante.

BERNARDA

Ahora te has vuelto callada.

LA PONCIA

Me estoy en mi sitio, y en paz.

BERNARDA

Lo que pasa es que no tienes nada que decir. Si en esta casa hubiera hierbas ya te encargarías de traer a pastar las ovejas del vecindario.

LA PONCIA

Yo tapo más de lo que te figuras.

BERNARDA

¿Sigue tu hijo viendo a Pepe a las cuatro de la mañana? ¿Siguen diciendo todavía la mala letanía de esta casa?

192

LA PONCIA
No dicen nada.

BERNARDA
Porque no pueden. Porque no hay carne donde morder.
A la vigilancia de mis ojos se debe esto.

LA PONCIA
Bernarda, yo no quiero hablar porque temo tus intencio-
nes. Pero no estés segura.

BERNARDA
¡Segurísima!

LA PONCIA
A lo mejor, de pronto, cae un rayo. A lo mejor, de pronto,
un golpe te para el corazón.

BERNARDA
Aquí no pasa nada. Yo estoy alerta contra tus suposiciones.

LA PONCIA
Pues mejor para ti.

BERNARDA
¡No faltaba más!

CRIADA. *(Entrando.)*
Ya terminé de fregar los platos. ¿Manda usted algo, Bernarda?

BERNARDA. *(Levantándose.)*
Nada. Voy a descansar.

LA PONCIA
¿A qué hora quieres que te llame?

BERNARDA
A ninguna. Esta noche voy a dormir bien. *(Se va.)*

LA PONCIA

Cuando una no puede con el mar lo más fácil es volver las espaldas para no verlo.

CRIADA

Es tan orgullosa que ella misma se pone una venda en los ojos.

LA PONCIA

Yo no puedo hacer nada. Quise atajar las cosas, pero ya me asustan demasiado. ¿Tú ves este silencio? Pues hay una tormenta en cada cuarto. El día que estallen nos barrerán a todos. Yo he dicho lo que tenía que decir.

CRIADA

Bernarda cree que nadie puede con ella y no sabe la fuerza que tiene un hombre entre mujeres solas.

LA PONCIA

No es toda la culpa de Pepe el Romano. Es verdad que el año pasado anduvo detrás de Adela y estaba loca por él, pero ella debió estarse en su sitio y no provocarlo. Un hombre es un hombre.

CRIADA

Hay quien cree que habló muchas veces con Adela.

LA PONCIA

Es verdad. *(En voz baja.)* Y otras cosas.

CRIADA

No sé lo que va a pasar aquí.

LA PONCIA

A mí me gustaría cruzar el mar[31] y dejar esta casa de guerra.

---

[31] Cfr. el agua como elemento liberador tantas veces repetido en esta obra. Véase también nuestra introducción.

CRIADA
Bernarda está aligerando la boda y es posible que nada
pase.

LA PONCIA
Las cosas se han puesto ya demasiado maduras. Adela está
decidida a lo que sea y las demás vigilan sin descanso.

CRIADA
¿Y Martirio también?

LA PONCIA
Esa es la peor. Es un pozo de veneno. Ve que el Romano
no es para ella y hundiría el mundo si estuviera en su
mano.

CRIADA
¡Es que son malas!

LA PONCIA
Son mujeres sin hombre, nada más. En estas cuestiones se
olvida hasta la sangre. ¡Chisss! *(Escucha.)*

Realidad que pasa.

CRIADA
¿Qué pasa?

LA PONCIA. *(Se levanta.)*
Están ladrando los perros.

CRIADA
Debe haber pasado alguien por el portón.
(Sale ADELA *en enaguas blancas y corpiño.)*

LA PONCIA
¿No te habías acostado?

ADELA
Voy a beber agua. *(Bebe en un vaso de la mesa.)*

LA PONCIA
Yo te suponía dormida.

ADELA
Me despertó la sed. Y vosotras, ¿no descansáis?

CRIADA
Ahora.
(Sale ADELA.)

LA PONCIA
Vámonos.

CRIADA
Ganado tenemos el sueño. Bernarda no me deja descansar
en todo el día.

LA PONCIA
Llévate la luz.

CRIADA
Los perros están como locos.

LA PONCIA
No nos van a dejar dormir. *(Salen.)*
*(La escena queda casi a oscuras. Sale MARÍA JOSEFA con una oveja
en los brazos.)*

MARÍA JOSEFA
Ovejita, niño mío,
vámonos a la orilla del mar.
La hormiguita estará en su puerta,
yo te daré la teta y el pan.

Bernarda,
cara de leoparda.
Magdalena,
cara de hiena.
¡Ovejita!

196

Meee, meeee.
Vamos a los ramos del portal de Belén.

Ni tú ni yo queremos dormir;
la puerta sola se abrirá   → *Queremos salir, libertad*
y en la playa nos meteremos
en una choza de coral.

Bernarda,
cara de leoparda.
Magdalena,
cara de hiena.
¡Ovejita!
Meee, meeee.
Vamos a los ramos del portal de Belén[32]. *(Se va cantando.)*

(Entra ADELA. *Mira a un lado y otro con sigilo y desaparece por la puerta del corral. Sale* MARTIRIO *por otra puerta y queda en angustioso acecho en el centro de la escena. También va en enaguas. Se cubre con un pequeño mantón negro de talle. Sale por enfrente de ella* MARÍA JOSEFA.)*

MARTIRIO
  Abuela, ¿dónde va usted?

MARÍA JOSEFA
  ¿Vas a abrirme la puerta? ¿Quién eres tú?

MARTIRIO
  ¿Cómo está aquí?

MARÍA JOSEFA
  Me escapé. ¿Tú quién eres?

---

[32] Otra vez Lorca usa aquí el elemento lírico como contraste entre la libertad infantil del personaje y el ambiente emponzoñado y ardiente que se respira. De nuevo se repiten los temas del ansia de maternidad y el mar como liberación, cuya glosa la constituyen los parlamentos de María Josefa.

MARTIRIO
Vaya a acostarse.

MARÍA JOSEFA
Tú eres Martirio, ya te veo. Martirio, cara de Martirio. ¿Y cuándo vas a tener un niño? Yo he tenido este.

MARTIRIO
¿Dónde cogió esa oveja?

MARÍA JOSEFA
Ya sé que es una oveja. Pero ¿por qué una oveja no va a ser un niño? Mejor es tener una oveja que no tener nada. Bernarda, cara de leoparda. Magdalena, cara de hiena.

MARTIRIO
No dé voces.

MARÍA JOSEFA
Es verdad. Está todo muy oscuro. Como tengo el pelo blanco crees que no puedo tener crías, y sí, crías y crías y crías. Este niño tendrá el pelo blanco y tendrá otro niño y éste otro, y todos con el pelo de nieve, seremos como las olas, una y otra y otra. Luego nos sentaremos todos y todos tendremos el cabello blanco y seremos espuma. ¿Por qué aquí no hay espumas? Aquí no hay más que mantos de luto.

MARTIRIO
Calle, calle.

MARÍA JOSEFA
Cuando mi vecina tenía un niño yo le llevaba chocolate y luego ella me lo traía a mí y así siempre, siempre, siempre. Tú tendrás el pelo blanco, pero no vendrán las vecinas. Yo tengo que marcharme, pero tengo miedo que los perros me muerdan. ¿Me acompañarás tú a salir al campo? Yo quiero campo. Yo quiero casas, pero casas abiertas y las vecinas acostadas en sus camas con sus niños chiquitos y los

198

hombres fuera sentados en sus sillas. Pepe el Romano es un gigante. Todas lo queréis. Pero él os va a devorar porque vosotras sois granos de trigo. No granos de trigo. ¡Ranas sin lengua!

MARTIRIO
Vamos. Váyase a la cama. *(La empuja.)*

MARÍA JOSEFA
Sí, pero luego tú me abrirás, ¿verdad?

MARTIRIO
De seguro.

MARÍA JOSEFA. *(Llorando.)*
       Ovejita, niño mío,
       vámonos a la orilla del mar.
       La hormiguita estará en su puerta,
       yo te daré la teta y el pan.
(MARTIRIO cierra la puerta por donde ha salido MARÍA JOSEFA y se dirige a la puerta del corral. Allí vacila, pero avanza dos pasos más.)

MARTIRIO. *(En voz baja.)*
Adela. *(Pausa. Avanza hasta la misma puerta. En voz alta.)*
¡Adela!
(Aparece ADELA. Viene un poco despeinada.)

ADELA
¿Por qué me buscas?

MARTIRIO
¡Deja a ese hombre!

ADELA
¿Quién eres tú para decírmelo?

MARTIRIO
No es ese el sitio de una mujer honrada.

199

ADELA

¡Con qué ganas te has quedado de ocuparlo!

MARTIRIO. *(En voz alta.)*

Ha llegado el momento de que yo hable. Esto no puede seguir así.

ADELA

Esto no es más que el comienzo. He tenido fuerza para adelantarme. El brío y el mérito que tú no tienes. He visto la muerte debajo de estos techos y he salido a buscar lo que era mío, lo que me pertenecía.

MARTIRIO

Ese hombre sin alma vino por otra. Tú te has atravesado.

ADELA

Vino por el dinero, pero sus ojos los puso siempre en mí.

MARTIRIO

Yo no permitiré que lo arrebates. Él se casará con Angustias.

ADELA

Sabes mejor que yo que no la quiere.

MARTIRIO

Lo sé.

ADELA

Sabes, porque lo has visto, que me quiere a mí.

MARTIRIO. *(Despechada.)*

Sí.

ADELA. *(Acercándose.)*

Me quiere a mí. Me quiere a mí.

MARTIRIO

Clávame un cuchillo si es tu gusto, pero no me lo digas más.

ADELA

Por eso procuras que no vaya con él. No te importa que abrace a la que no quiere; a mí, tampoco. Ya puede estar cien años con Angustias, pero que me abrace a mí se te hace terrible, porque tú lo quieres también, lo quieres.

MARTIRIO. *(Dramática.)*

¡Sí! Déjame decirlo con la cabeza fuera de los embozos. ¡Sí! Déjame que el pecho se me rompa como una granada de amargura. ¡Le quiero!

ADELA. *(En un arranque y abrazándola.)*

Martirio, Martirio, yo no tengo la culpa.

MARTIRIO

¡No me abraces! No quieras ablandar mis ojos. Mi sangre ya no es la tuya. Aunque quisiera verte como hermana, no te miro ya más que como mujer. *(La rechaza.)*

ADELA

Aquí no hay ningún remedio. La que tenga que ahogarse que se ahogue. Pepe el Romano es mío. Él me lleva a los juncos de la orilla.

MARTIRIO

¡No será!

ADELA

Ya no aguanto el horror de estos techos después de haber probado el sabor de su boca. Seré lo que él quiera que sea. Todo el pueblo contra mí, quemándome con sus dedos de lumbre, perseguida por los que dicen que son decentes, y me pondré la corona de espinas que tienen las que son queridas de algún hombre casado.

MARTIRIO

¡Calla!

ADELA

Sí, Sí. *(En voz baja.)* Vamos a dormir, vamos a dejar que se case con Angustias, ya no me importa, pero yo me iré a

201

sacrifica su clase social para amor

una casita sola donde él me verá cuando quiera, cuando le venga en gana.

MARTIRIO

Eso no pasará mientras yo tenga una gota de sangre en el cuerpo.

ADELA

No a ti, que eres débil; a un caballo encabritado soy capaz de poner de rodillas con la fuerza de mi dedo meñique.

MARTIRIO

No levantes esa voz que me irrita. Tengo el corazón lleno de una fuerza tan mala, que, sin quererlo yo, a mí misma me ahoga.

ADELA

Nos enseñan a querer a las hermanas. Dios me ha debido dejar sola en medio de la oscuridad, porque te veo como si no te hubiera visto nunca.
(Se oye un silbido y ADELA *corre a la puerta, pero* MARTIRIO *se le pone delante.)*

MARTIRIO

¿Dónde vas?

ADELA

¡Quítate de la puerta!

MARTIRIO

¡Pasa si puedes!

ADELA

¡Aparta! *(Lucha.)*

MARTIRIO. *(A voces.)*

¡Madre, madre!
(Aparece BERNARDA. *Sale en enaguas, con un mantón negro.)*

202

BERNARDA

Quietas, quietas. ¡Qué pobreza la mía, no poder tener un rayo entre los dedos!

MARTIRIO. *(Señalando a* ADELA.*)*

¡Estaba con él! ¡Mira esas enaguas llenas de paja de trigo!

BERNARDA

¡Esa es la cama de las mal nacidas! *(Se dirige furiosa hacia* ADELA.*)*

ADELA. *(Haciéndole frente.)*

¡Aquí se acabaron las voces de presidio! (ADELA *arrebata un bastón a su madre y lo parte en dos.)* Esto hago yo con la vara de la dominadora. No dé usted un paso más. En mí no manda nadie más que Pepe.

MAGDALENA. *(Saliendo.)*

¡Adela!

(Salen LA PONCIA *y* ANGUSTIAS.*)*

ADELA

Yo soy su mujer. *(A* ANGUSTIAS.*)* Entérate tú y ve al corral a decírselo. Él dominará toda esta casa. Ahí fuera está, respirando como si fuera un león.

ANGUSTIAS

¡Dios mío!

BERNARDA

¡La escopeta! ¿Dónde está la escopeta? *(Sale corriendo.)*

(Sale detrás MARTIRIO. *Aparece* AMELIA *por el fondo, que mira aterrada con la cabeza sobre la pared.)*

ADELA

¡Nadie podrá conmigo! *(Va a salir.)*

ANGUSTIAS. *(Sujetándola.)*

De aquí no sales tú con tu cuerpo en triunfo. ¡Ladrona! ¡Deshonra de nuestra casa!

203

MAGDALENA
¡Déjala que se vaya donde no la veamos nunca más!
(Suena un disparo.)

BERNARDA. *(Entrando.)*
Atrévete a buscarlo ahora.

MARTIRIO. *(Entrando.)*
Se acabó Pepe el Romano

ADELA
¡Pepe! ¡Dios mío! ¡Pepe! *(Sale corriendo.)*

LA PONCIA
¿Pero lo habéis matado?

MARTIRIO
No. Salió corriendo en su jaca.

BERNARDA
No fue culpa mía. Una mujer no sabe apuntar.

MAGDALENA
¿Por qué lo has dicho entonces?

MARTIRIO
¡Por ella! Hubiera volcado un río de sangre sobre su cabeza.

LA PONCIA
Maldita.

MAGDALENA
¡Endemoniada!

BERNARDA
Aunque es mejor así. *(Suena un golpe.)* ¡Adela, Adela!

LA PONCIA. *(En la puerta.)*
¡Abre!